essentials

Essentials liefern aktuelles Wissen in konzentrierter Form. Die Essenz dessen, worauf es als „State-of-the-Art" in der gegenwärtigen Fachdiskussion oder in der Praxis ankommt. Essentials informieren schnell, unkompliziert und verständlich

- als Einführung in ein aktuelles Thema aus Ihrem Fachgebiet
- als Einstieg in ein für Sie noch unbekanntes Themenfeld
- als Einblick, um zum Thema mitreden zu können

Die Bücher in elektronischer und gedruckter Form bringen das Expertenwissen von Springer-Fachautoren kompakt zur Darstellung. Sie sind besonders für die Nutzung als eBook auf Tablet-PCs, eBook-Readern und Smartphones geeignet.

Essentials: Wissensbausteine aus den Wirtschafts, Sozial- und Geisteswissenschaften, aus Technik und Naturwissenschaften sowie aus Medizin, Psychologie und Gesundheitsberufen. Von renommierten Autoren aller Springer-Verlagsmarken.

Weitere Bände siehe http://www.springer.com/series/13088

Bernd Herrmann

Prähistorische Anthropologie

Eine Standortbestimmung

Prof. Dr. Bernd Herrmann
Georg-August-Universität Göttingen
Deutschland

ISSN 2197-6708 ISSN 2197-6716 (electronic)
essentials
ISBN 978-3-658-09865-0 ISBN 978-3-658-09866-7 (eBook)
DOI 10.1007/978-3-658-09866-7

Die Deutsche Nationalbibliothek verzeichnet diese Publikation in der Deutschen Nationalbibliografie; detaillierte bibliografische Daten sind im Internet über http://dnb.d-nb.de abrufbar.

Springer Spektrum

Gedruckt auf säurefreiem und chlorfrei gebleichtem Papier

Springer Fachmedien Wiesbaden ist Teil der Fachverlagsgruppe Springer Science+Business Media
(www.springer.com)

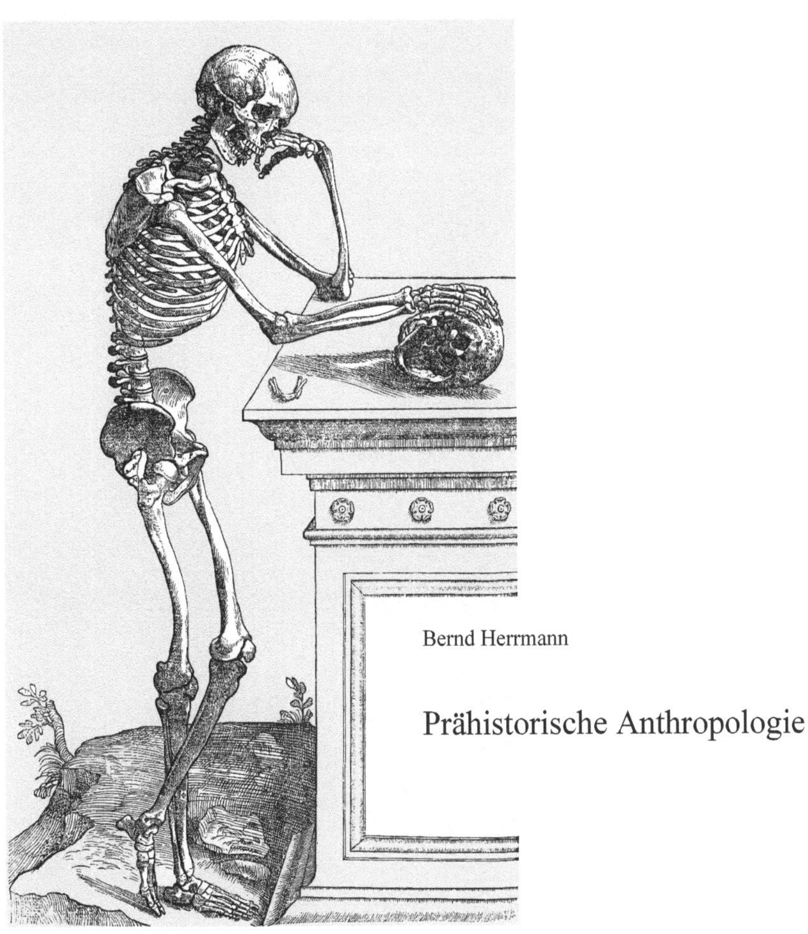

Bernd Herrmann

Prähistorische Anthropologie

Vorwort

Meine langjährige Beschäftigung mit dem Thema dieser Veröffentlichung war die Voraussetzung dafür, ein Wissensgebiet auf kleinem Raum, irgendwo zwischen lexikalischer Kürze und Kleinkompendium darstellen zu wollen, ohne ins Detail gehen oder den häufig zahlreichen Abweichungen von angeblichen Regeln folgen zu können. Die Intention der Reihe, den Lesern einen schnellen und dabei kompetenten Überblick über ein Themengebiet bereit zu stellen, wird hier für eine Darstellung des *mir* wesentlich Erscheinenden genutzt. Für den Autor ist der geringe Umfang kein Vorteil, wenn zwischen Sachaussage und Standpunktvermittlung zu entscheiden ist und er sich in besonderer Weise mit dem Thema verbunden fühlt.

Die Literaturangaben sind auf ein Minimum beschränkt, wobei ich eigene Arbeiten bevorzugt habe, weil ich sie hier als Verlängerung meiner Gedanken anführe. Auf die Aufnahme von Literatur, in der Kompilationen mit Originalität verwechselt werden und solcher aus fortschrittsarmen Paraphrasierungen, habe ich völlig verzichtet. Gelegentlich werden Autoren nur namentlich aufgeführt. Es handelt sich dann um einen allgemeinen Bezug zu ihrem Werk. Diese Vorgehensweise schien mir einer konzisen Darstellung förderlich, um derentwillen sich auch Beispiele allermeist auf Mitteleuropa beschränken.

Ich danke meiner Frau Susanne für ihr geduldiges Verständnis und meinen Lektorinnen Stefanie Wolf und Katharina Harsdorf für verlegerischen Beistand, der Herstellerin Dipti Dange sowie dem Produktionsbetrieb Crest Premedia Solutions für Ratschläge, Hilfestellungen und Bemühungen um die Produktion des Büchleins. Ich wünsche mir seine wohlwollende Aufnahme und ein zunehmendes Interesse an einem faszinierenden Wissensgebiet.

Göttingen, 15. März 2015 Bernd Herrmann

Inhaltsverzeichnis

Zur Orientierung 1

1.1 Begriff und Gegenstand der Prähistorischen Anthropologie

Grundsätzliches Thema der „Prähistorischen Anthropologie" ist *die Untersuchung körperlicher Überreste von Menschen historischer Zeiträume mit dem Ziel der Aufdeckung ihrer Lebensumstände, soweit diese durch diese Quellengruppe erschlossen werden können.* Diese Definition ist heuristisch und entsprechend dem Kernbereich, den mittelbaren Aufgaben und den diffusen Rand- bzw. Überlappungsthemen des Wissensgebietes zu präzisieren bzw. zu relativieren. Das Thema des Wissensgebietes repräsentiert nicht uneingeschränkt Alleinstellungsmerkmale, und die in ihm eingesetzten Methoden sind nur in einem geringen Umfange oder gar nicht spezifisch. *Neben anderen* Archiven stellen menschliche Überreste als Quellenmaterial *ein* Archiv für das Wissen über Aspekte der Biologie und der Lebensweise von Menschen früherer Zeiten, das mindestens überwiegend von keinem anderem Quellenmaterial oder Archiv bereitgestellt werden kann. Das Wissen über den mit Abstand zeitlich größten Teil der Naturgeschichte der Menschen und der Geschichte, wie Menschen sie erleben, kann nicht aus den klassischen Quellen der Geschichtswissenschaften gezogen werden.

Wissenschaftssystematisch soll unter Anthropologie *„die* Lehre *vom* Menschen" verstanden werden. Jene Wissenschaften, die sich geistes- bzw. kulturwissenschaftlich mit dem Wesen des Menschen und seinen Hervorbringungen befassen, gründen allermeist auf einer ontologischen Setzung oder Zuweisung, die es ihnen ermöglicht, mit einem absoluten Anspruch über eben *den* Menschen zu sprechen. Besonders häufig ist dieser Anspruch, wenn tatsächliche oder vorgebliche wissenschaftliche Aussagen in Überzeugungssysteme integriert werden. Den Absolutheitsansprüchen hatte Hannah Arendt den Hinweis entgegen gehalten:

© Springer Fachmedien Wiesbaden 2015
B. Herrmann, *Prähistorische Anthropologie,* essentials,
DOI 10.1007/978-3-658-09866-7_1

„Jede wie immer geartete ‚Idee vom Menschen überhaupt' begreift menschliche Pluralität als Resultat einer unendlich variierbaren Reproduktion eines Urmodells und bestreitet damit von vornherein und implicite die Möglichkeit des Handelns. Das Handeln bedarf einer Pluralität, in der zwar alle dasselbe sind, nämlich Menschen, aber dies auf die merkwürdige Art und Weise, dass keiner dieser Menschen je einem anderen gleicht, der einmal gelebt hat oder lebt oder leben wird" (1960). Das hier genannte Handeln stellt das individuelle, selbstbestimmte Handeln (aus sogen. freiem Willen) in den Vordergrund, ist aber selbstverständlich auf das Handeln im Kollektiv menschlicher Gemeinschaften (Kulturen) auszuweiten.

Von den Anthropologien der Geistes-und Kulturwissenschaften sind u. a. die naturwissenschaftlichen Anthropologien unterschieden. Naturwissenschaftliche Zugänge sprechen ebenfalls mit einem universellen Anspruch *vom* Menschen.[1] Dabei beziehen sie sich auf seine anatomischen Eigenschaften und physiologischen Prozesse, denen grundsätzlich Gleichheit unterstellt wird. Das trifft selbstverständlich nur in einem sehr ungefähren Sinn zu. Selbst mit der Entschlüsselung *des* menschlichen Genoms ist nur ein gedachtes Durchschnittsgenom erfasst worden, dem kaum ein realer Mensch zuzurechnen ist. Die Annahme, man könne naturwissenschaftlich von *dem* Menschen sprechen, hat wissenschaftshistorische Gründe, die letztlich mit dem Leitbild des phylogenetischen Baums der Biologie verknüpft sind. Die Lebenswissenschaften erhoben außerdem den Anspruch der endgültigen materialistischen Erklärung der Lebensphänomene durch additive Vermehrung des Wissens. Es sind also Langzeitprojekte der Forschung, wenn die Lebenswissenschaften über z. B. *das* Rotkehlchen, *den* Löwenzahn oder eben über *den* Menschen sprechen und damit tatsächlich jene o. g. konstruktivistische Idee vom jeweiligen Lebewesen thematisieren und glauben, nur auf deren materielle Beschaffenheit Bezug zu nehmen, nicht aber auch auf die Metaebenen ihrer Bedeutungen.

Der aufklärerische Anspruch tritt sehr schnell in Widerspruch zur Alltagserfahrung, dass von *dem* Menschen offensichtlich nur in idealtypischer Abstraktion gesprochen werden kann. Dabei erschweren die Zuschreibungen symbolischer Bedeutungen und unwillkürliche Kontextualisierungen (Ernst Cassirer) oft das klare Erkennen der analytisch verwendeten Kategorien, so dass durch kulturelle Vorsteuerungen auch die naturwissenschaftlich möglichen Aussagen Gefahr laufen, überschritten oder missverstanden zu werden. Alle Menschen unterscheiden sich auch im naturwissenschaftlichen Sinn; und tatsächlich beziehen sich empirische

---

[1] Die naturwissenschaftliche (biologische) Anthropologie deckt auch das stammesgeschichtliche Umfeld der Menschen, die Primatenverwandten, mit ab.

naturwissenschaftliche Ableitung über Beschaffenheit und Verhalten von Menschen immer nur auf generalisierte Individuen oder überschaubare Kollektive. Daraus folgt, dass zunehmende Aussagepräzision mit abnehmender Aussagerelevanz verbunden ist. Die naturwissenschaftliche Anthropologie ist also eine Lehre *von* Menschen, sie ist *keine* Lehre *vom* Menschen. Sie befasst sich vorrangig mit Gruppen von Menschen und berücksichtigt dabei die individuelle Variabilität in angemessener Weise.

Die besondere Problematik der Anthropologie-Abgrenzung in dem hier betrachteten Zusammenhang ergibt sich aus dem Verständnis vom „Verhalten", das neben dem körperlichen Substrat den Kernbegriff der menschlichen Existenz bildet. Die Untersuchung des Verhaltens wäre allein mit den Mitteln der naturwissenschaftlichen Verhaltensforschung verfehlt. Denn das Spektrum der materiellen wie immateriellen Leistungen der menschlichen Kulturen gehört weder in den Untersuchungskanon der Ethologie, noch könnte es mit ihren Methoden analysiert werden. Gegebenenfalls werden gesellschaftswissenschaftliche Methoden in die naturwissenschaftliche Anthropologie übernommen oder in ihr entwickelt, wie z. B. bei bevölkerungswissenschaftlichen Fragen. Andererseits lässt sich das Spektrum kultureller Leistungen evolutionsbiologisch als ökologisch adaptive Strategie begreifen. Unter dieser Prämisse sind Modelle und Erklärungstheoreme der lebenswissenschaftlichen Ökologie und Verhaltensforschung das gebotene Untersuchungsmittel. Sie scheinen, im Hinblick auf die o. g. Untersuchung der körperlichen Überreste, zusammen mit den methodischen Grundlagen aus anatomischem und physiologischem Wissen, auch das angemessene Methodenrepertoire zu liefern.

Das Nachdenken über die Begriffsbedeutung von „Anthropologie" führt in ein „verzweigtes semantisches Netzwerk" (Jakob Tanner), weil ohne eine weitere Charakterisierung offen bleibt, ob es sich im Grundsatz um eine theologische, philosophische, sozialwissenschaftliche, pädagogische oder lebenswissenschaftliche („physische") Anthropologie handelt.

Aber auch die Bestimmung „prähistorisch" erweist sich als mehrdeutig. Vorderhand erscheint sie als Ausdruck zeitlicher Ordnung. Nimmt man jedoch zur Kenntnis, dass neben der Prähistorischen Anthropologie (PA) auch noch eine „Historische Anthropologie" existiert, die ihre Bezeichnung keiner zeitlichen Sequenz verdankt, stellen sich Unsicherheiten ein. Die Aufgaben dieser Historischen Anthropologie sah Rolf Sprandel weitgehend identisch mit einer universalen Geschichtswissenschaft überhaupt: *„Die historische Anthropologie fragt nach den grundsätzlichen Lebensbedingungen und Problemen des Menschen in der Geschichte und systematisiert die Lösungen, die er gefunden hat"* (1976). Andere Autoren beziehen den gleichen Begriff auf kleinere Erkenntnisrahmen, unter denen Auffassungen überwiegen, die in der „Historischen Anthropologie" ebenfalls körperbezogene Themen und individuelles wie kollektives Verhalten behandeln. Allerdings unter einem ausschließlich geschichtswissenschaftlichen Blickwinkel, der mit der Bestimmung „historisch" ausdrücklich nur das historisch Gewachsene und seine Voraussetzungen in der Bewertung von leiblichen Bedingungen, Ausdrucksmitteln und biographischen Strategien betont (Winterling 2006). Sie ist also eine Spezialisierung der Geschichtswissenschaft, die sich ebenfalls mit Menschen vergangener Zeiten beschäftigt, ihrerseits aber starke Verflechtungen mit der „Umweltgeschichte" (Herrmann 2013) zeigt. Insofern zielt die Wortfügung „Prähistorische Anthropologie", die wohl 1914 von Moritz Hoernes als Schwesterbegriff zur „Prähistorischen Archäologie" kanonisiert wurde, zwar auf einen Distinktionsgewinn gegenüber der viel jüngeren inhaltlichen Bestimmung der „Historischen Anthropologie", kann sich jedoch am Ende davon nicht eindeutig absetzen (Herrmann 2001).

Die *theoretische* Zuständigkeit der PA liegt im Zeitfenster *zwischen* der Fossilgeschichte der Menschen und der rechtsmedizinischen Zuständigkeit. Sie reicht damit einerseits nicht sehr weit in den Zeitrahmen der Vorgeschichte zurück, nämlich nur bis an den Beginn des Jungpaläolithikums, andererseits bis über die Mittlere und Neuere Geschichte hinaus und noch etwas näher bis an die Gegenwart heran.

Menschliche Überreste, die in den rechtsrelevanten Zeitraum der letzten ca. 100 Jahren fallen, werden gewöhnlich von Forensikern begutachtet. Überreste, die älter als das stammesgeschichtlich sicher nachweisbare Erstauftreten anatomisch moderner Menschen in Europa sind (ca 40.000 a BCE), werden von besonders spezialisierten Anthropologen untersucht. Existieren mesolithisch, also nach dem nacheiszeitlichen Einsetzen der Wiederbewaldung in Mitteleuropa, nur vereinzelte Funde menschlicher Überreste, nimmt die Funddichte mit der neolithischen Besiedlung zu. Damit liegt die *praktische* Untergrenze prähistorisch-anthropologischer Zuständigkeit in Europa mehrheitlich in etwa beim Beginn des Neolithikums und endet i. d. R. etwa 100 Jahre vor heute.

Die Begutachtung menschlicher Überreste dieses „prähistorischen" Zeitraumes führt durch deren gegebene kulturelle Kontextualisierungen selbstverständlich auch über naturwissenschaftliche Zuständigkeiten hinaus, führt in den Bereich kulturwissenschaftlicher Aussagen. Die kompetente Durchführung anthropologischer Arbeiten an menschlichen Überresten bedarf daher neben dem naturwissenschaftlichen Wissen über den menschlichen Körper und ihres liegezeit- und liegemilieubedingten Zerfalls und forensischer Kenntnisse auch umfangreicher kulturwissenschaftlicher Kenntnisse. Während naturwissenschaftliche Aussagen unter Beachtung von Parsimonitäts- und Ceteris-Paribus-Regeln objektiv i. S.

einer untersucherunabhängigen Reproduzierbarkeit sein sollen, sind kulturwissenschaftliche Aussagen wegen ihres hermeneutischen Charakters anfällig gegen Verdinglichungs-Argumente der Untersucher. In diesem sensiblen Bereich werden die Grenzen zwischen naturwissenschaftlich begründeter Feststellung und spekulativer Einbindung in kulturhistorische Zusammenhänge von manchen Bearbeitern gelegentlich und unkritisch überschritten oder Beobachtungen werden sogar überhöht, ohne dass auf den zunehmend spekulativen Gehalt von Aussagen hingewiesen wird.

Inhaltlich zutreffend ist es, die PA als eine in der Hauptsache naturwissenschaftlich gegründete Anthropologie zu begreifen, die in Richtung der Historischen Anthropologie und der Forensik geöffnet ist. Wissenschaftspraktisch betreibt die „Prähistorische Anthropologie" also *die Untersuchung körperlicher Überreste von Menschen der Nacheiszeit, die außerhalb des rechtserheblichen Zeitraums gelebt haben, mit dem Ziel der Aufdeckung ihrer Lebensumstände, soweit sie durch diese Quellengruppe erschlossen werden können. Sie wendet hierfür Kenntnisse und Methoden der Biologie, der Rechtsmedizin und Kulturwissenschaften an und erarbeitet auf deren Grundlage Aussagen und wissensproduzierende Erzählungen.*

Bei ihrer Erkenntnisproduktion folgt die PA opportunistischen Strategien (i. S. von „anything goes"), was eine weitergehende Präzisierung der Definition und damit die Abgrenzung gegenüber Nachbarwissenschaften erschwert.

Schließlich ist darauf hin zu weisen, dass die PA zwar *Überreste* (Sachüberreste i. S. der historischen Quellenkunde) untersucht, dass aber ein absoluter Ausschluss anderer historischer Quellen letztlich nicht gegeben, wenn auch nicht häufig ist. Es ist möglich, dass auch historische Quellen wie Abbildungen, Beschreibungen oder Schriftquellen im weitesten Sinn ein sachverständiges Urteil zu biologiehaltigen Darstellungen, Verhaltensweisen bzw. anderen Angaben über historische Menschen erfordern. Wissenschaftssystematisch gehören solche Stellungnahmen mit zum Wissensgebiet.

Der historische Ursprung der PA, die Kenntnis individualisierender Skelettmerkmale, beruht auf der anatomischen Forschung über die Variabilität von Menschen und verdankte sich hauptsächlich der Arbeit medizinisch gebildeter Wissenschaftler.

Der Grunderwerb der Kenntnisse in PA erfolgt heute im deutschsprachigen Raum i. d. R durch Spezialisierung innerhalb des Studiums der Physischen Anthropologie (Grupe et al. 2012) und arrondierter Nachbargebiete. Berufliche Anwendungsfelder sind überwiegend an akademische Einrichtungen gebunden, seltener an Kriminalämter und forensische Einrichtungen. Vereinzelt arbeiten Prähistorische Anthropologen in selbstständiger Tätigkeit.

Friedhof, Oxford, GB

1.2 Über den Umgang mit menschlichen Überresten

Soweit die Wissenschaft davon Kenntnis haben kann, sind alle menschlichen Überreste aus den letzten 40.000 Jahren kulturellen Kontexten zuzurechnen, denen ein Totenkult bzw. Jenseitsvorstellungen zu eigen sind. Menschliche Überreste aus dieser Zeit stammen entweder aus Bestattungen oder sind als Reliquien Gegenstände religiöser Verehrungen oder des Ahnenkultes. Bei Überresten aus davon abweichenden Auffinde- bzw. Überlieferungssituationen, treten möglicherweise nichtreligiöse Sinngebungssysteme in den Vordergrund, ohne dass den Menschen, deren Überreste überliefert sind, eine lebenszeitliche Einbindung in entsprechende Jenseitsvorstellungen abgesprochen werden könnte.

Die Aufsammlung, die Ausgrabung oder der Erwerb und die schließliche Magazinierung menschlicher Überreste (einschließlich medizinhistorischer Präparate) an säkularen Orten wie musealen und akademischen Sammlungen erfüllt den Tatbestand einer wissentlichen Dekontextualisierung aus ihren, durch die jeweilige Vorstellungswelt kulturell geschützten Räumen zum Zweck der Überführung in einen areligiösen Repräsentationsraum der Wissenschaft, u. U. sogar in den Geltungsbereich einer Fremdkultur, sofern es sich um allopatrische oder allochrone

Stücke handelt. Aus der Perspektive der Jenseitsvorstellungen der Betroffenen handelt es sich dabei zwangsläufig in aller Regel um ein unheiliges Tun. Die Rechtfertigung, Überreste aus wissenschaftlichen Gründen zu studieren, jenseits der pragmatischen Rechtspflege oder der Vermehrung medizinischen Wissens, zum Zwecke des bloßen Wissenserwerbs und der Beförderung der Bildung, folgt der Überzeugung der Aufklärung, wonach das Wissen höher zu bewerten sei als Glauben. Der Umgang mit Überresten wird besonders prekär, wenn bei deren Untersuchung invasive, also zerstörende Methoden, wie in der apparativen Diagnostik und Analytik üblich, eingesetzt werden.

Zwar ist das Handeln der Wissenschaft juristisch vor allem durch das Argument der fehlenden gegenwartsbezogenen Relevanz eines Überrestes gedeckt, der im Rechtssystem ohnehin als Sache, wenn auch besonderer Art, gelten würde und dessen Rechtsansprüche jenseits des rechtsrelevanten Zeitraumes nicht mehr bestehen. Dennoch bleibt die Frage der *moralischen* Rechtfertigung seines Handelns, zumindest der Auseinandersetzung damit, als Aufforderung an den einzelnen Untersucher bestehen und ein ethisch korrekter Umgang mit den Überresten selbstverständlich.

Auch das Ausstellen und Betrachten von Überresten als Exponate in Schausammlungen setzt sich über Bedenken hinweg, welche die Würde jener Menschen betreffen können, deren Überrest neugierigen Blicken preisgegeben wird. Ähnliches gilt für die Magazinierung menschlicher Überreste. Der Deutsche Museumsbund hat „Empfehlungen zum Umgang mit menschlichen Überresten in Museen und Sammlungen" erarbeitet, in denen auch die Frage einer etwaigen Rückführung für Sammlungsstücke aus anderen geographischen Regionen behandelt wird, die häufig genug einem „Unrechtskontext" zuzuordnen sind: http://www.museumsbund.de/de/das_museum/ethik_standards/museumsethik/ exkurs_menschliche_ueberreste_in_museen_und_sammlungen/. Zu diesen Problemen insgesamt muss der Untersucher wie Ausstellungsbesucher eine persönliche Haltung finden, was ihm durch eine Sammlung einschlägiger Überlegungen erleichtert wird (hierzu Stoecker et al. 2013).

Schließlich bedarf der Erläuterung, wenn im weiteren Verlauf dieses Textes der quellenkundliche Begriff „Überrest" durch andere Begriff ersetzt sein sollte. Dies folgt einer wissenschaftlichen Tradition gebotener emotionaler Distanzierung gegenüber dem untersuchten Gegenstand und oft praktischen Erfordernissen. Es ist kein Hinweis auf den Verlust des ethisch gebotenen Respekts, der dem Probengeber, einem früheren Menschen und seiner kulturellen Identität, entgegen zu bringen ist.

Darstellung „Der drei To-
ten" aus der Parabel „Die
drei Lebenden und die drei
Toten". Die Darstellung der
Dekompositionssequenz ei-
nes Leichnams als Symbol
der Vanitas bestätigt eine
gewisse zeitgenössische
Bekanntheit dieser Zerfalls-
stadien. (Gebetbuch der
Bonne du Luxembourg, ca.
1345. Metropolitan Muse-
um of Art, New York)

1.3   Das Quellenmaterial der Prähistorischen Anthropologie

Grundsätzlich nimmt die mögliche Vielzahl menschlicher Überreste ihren Ausgang
vom zeitlich ersten, nämlich dem Leichnam als sogen. „sterblichem Überrest".
Systematisch sind auch zu Lebzeiten abgeschnittene Haare oder Nägel, abgetrenn-
te Gliedmaßen oder eine Plazenta und Blutstropfen, selbst Verdauungsrückstände
zu den Überresten zu zählen. Tatsächlich kommen auch sie in den seltenen Fällen
ihrer historischen Überlieferung zur gelegentlichen Begutachtung.

Der Leichnam selbst ist Untersuchungsgegenstand von Anatomen, Patholo-
gen oder ggfls. von Rechtsmedizinern und wird nur in Ausnahmefällen – etwa
aus Gründen des Vergleichs – von einem Anthropologen untersucht. Ohnehin
würde ein Leichnam gemäß der Definition erst nach Ablauf des rechtserheblichen
Zeitraumes in die fachliche Zuständigkeit der PA fallen.

Kein bestatteter oder sich selbst überlassener Leichnam kann unter Normalbedingungen, also ohne konservierende Eingriffe bzw. ohne klimatisches Extremambiente, diesen Zeitraum unverändert überdauern, weil die „späten Leichenveränderungen" bereits kurz nach Eintritt des Todes einsetzen. Sie stehen am Beginn einer regelhaft ablaufenden Folge, deren Sukzession im Anschluss an die „frühen Leichenerscheinungen", den „sicheren Todeszeichen", einsetzt.

Die späten Leichenerscheinungen sind mit den Begriffen Autolyse, Fäulnis, Verwesung, Skelettierung und schließliche chemisch-physikalische Auflösung der Knochensubstanz beschrieben und unter der Bezeichnung „Dekomposition" zusammengefasst.

Mit Autolyse wird die postmortale Spaltung der Eiweiße und Kohlenhydrate durch körpereigene Enzyme bezeichnet; in der anschließenden Fäulnis erfolgt nach Besiedlung der Leiche durch Bakterien und Pilze der Abbau der Weichgewebe. Mit dem Verlust der körpereigenen Feuchtigkeit setzt die Verwesung als oxidativer Prozess ein und führt schließlich zur Skelettierung. Diese lehrbuchhafte Abfolge gilt zunächst für die Überlieferung eines Leichnams an der Oberfläche. Für diesen Fall beschreibt die Casper-Regel den ohnehin oft gleitenden Übergang zwischen den Stadien. Sie besagt, dass die Veränderungen an der Leiche nach einer Liegezeit von einer Woche an der Luft denen nach zwei Wochen im Wasser und jenen nach acht Wochen im Erdgrab entsprechen. Zustandsänderungen über längere Zeiträume als diese werden zunehmend von den spezifischen Bedingungen des Liegemilieus in Abhängigkeit von der Liegezeit bestimmt und sind daher nur noch bei erheblich abnehmender Aussagepräzision als regelhaft zu fassen. Aus diesem Grund erhalten kasuistische Beobachtungen an Überresten mit langer bis sehr langer Liegezeit Bedeutung, weil sie in analogen Fällen zu Ablaufrekonstruktionen verknüpft werden können. Allerdings ist auf diesem Gebiet die Grundlagenforschung noch nicht sehr weit gediehen, was sich einmal daraus erklärt, dass langzeitliche Dekompositionserscheinungen zumeist geringe forensische Relevanz haben. Außerdem sind Abläufe unter kontrollierten experimentellen Bedingungen, etwa einer „Body Farm", ethisch problematisch. Zum anderen hat sich in der PA erst mit dem verstärkten Einsatz der laboranalytischen Untersuchungsmethoden die Einsicht in die Notwendigkeit zuverlässiger Kenntnis einschlägiger Phänomene durchgesetzt. Hinweise können schließlich auch aus Prozessen der Umwandlung von Überresten zu Fossilien während diagenetischer Abläufe gewonnen werden. Für dieses geowissenschaftliche Forschungsgebiet hat sich später der (sachlich falsche) Begriff „Taphonomie" eingebürgert, seit es durch die klassisch gewordene Monographie von Johannes Weigelt 1927 systematisiert wurde. Letztlich sind die Regelabläufe der Dekomposition und etwaige Abweichungen davon infolge von

Unterbrechungen, Verzögerungen, Beschleunigungen und physiko-chemische Einwirkungen ursächlich für die verschiedenen Überlieferungsformen menschlicher Überreste. Ihre Kenntnis ist quellenkritisches Elementarwissen.

Die zeitlich längste Überdauerungsform in der Abfolge der Leichenerscheinungen ist mit dem Skelett gegeben. Skelettfunde oder Funde von Skelettteilen sind die ältesten bekannten Überreste von Menschen. Sie bilden auch mit Abstand den zahlenmäßig häufigsten menschlichen Überrest. Ihre Überdauerungsfähigkeit verdanken Knochen und Zähne ihrem schwer löslichen Hauptmineral, dem Hydroxyl-Apatit. Unter der Liegezeit kann im geeigneten Liegemilieu der schwerlösliche Apatit durch Festkörperreaktionen in den leicht wasserlöslichen Brushit überführt werden, die Endursache für das „spurlose" Vergehen der überdauerungsfähigsten menschlichen Überreste.

Zahlenmäßig an zweiter Stelle der menschlichen Überreste stehen sogen. Leichenbrände. Sie sind der nichtbrennbare, aber thermisch veränderte Rest eines verbrannten Leichnams. Die Leichenverbrennung ist eine abgeleitete Bestattungssitte und mindestens 40.000 Jahre alt. Durch thermische Umsetzung des Knochenminerals beim Verbrennungsvorgang entsteht aus dem schwer löslichen Apatit der noch schwerer lösliche Whitlockit, was die grundsätzlich höhere Überdauerungsfähigkeit von Leichenbränden gegenüber Skelettfunden erklärt.

Es ist mittlerweile gebräuchlich geworden, allgemein bei erheblichem Weichteilerhalt eines körperlichen Überrestes von „Mumien" zu sprechen, den Begriff also über den kulturellen Zusammenhang mit Altägypten bzw. über die Analogiebildung für einen ausgetrockneten Leichnam hinaus zu erweitern. Mumien sind die dritte Überlieferungsform menschlicher Überreste und bilden durch ihre verschiedenartige Entstehungsgeschichte eine uneinheitliche Quellengruppe. Sie entstehen durch gezielte Eingriffe am Leichnam oder durch die Lagerung/Beisetzung der Leiche in einer geeigneten Umgebung bzw. in einem geeigneten Liegemilieu oder nichtintendiert und zufällig. Intendierte Mumifikation ist als Teil eines Bestattungsritus weltweit nicht älter als einige Tausend Jahre. Der Weichteilerhalt kann völlig unterschiedlich imponieren: ein Leichnam kann durch bloße Exposition in austrocknenden Medien oder an geeigneten Örtlichkeiten zu einer Trockenmumien werden, die Mumifikation kann durch geeignete Desikkations- und/oder Imprägnierungsmittel innerhalb eines Bestattungsritus bewirkt werden, sie kann sich zufällig ergeben, sie kann intentional durch Einlegen in feuchtkonservierende Medien entstehen oder als nichtintendierte Langzeitfolge durch Gerbsäuren beim Versenken/Versinken im Moor. Sogen. Eismumien, bei denen letztlich eine Konservierung der Weichgewebe während der Liegezeit im Permafrost entsteht, sind von Gletscherfunden, aus zentralasiatischen Kurganen und von Expeditionsreisenden, Walfängern o. ä. bekannt, die in zircumpolaren Regionen beigesetzt wurden.

Handwerkliche Grundlagen 2

Verwaltungsrechtlich fallen menschliche Überreste, die erkennbar nicht dem rechtserheblichen Zeitraum zuzuordnen sind, in die Zuständigkeit von Denkmalpflegeeinrichtungen. In situativ problematischen Fällen sind polizeiliche Dienststellen obligatorisch hinzuzuziehen, die dann ihrerseits eine weitere Abklärung veranlassen. Die Einrichtungen der Denkmalpflege organisieren und führen durch die archäologisch sachgerechte Sicherung oder Bergung der Überreste oder delegieren diese Arbeiten an sachkundige Unternehmen bzw. akademische Einrichtungen.

Als historische Quellen werden menschliche Überreste mit Methoden erschlossen, deren Grundlagen zunächst in der anatomisch-medizinischen und vergleichend morphologischen Forschung liegen. Diese Methoden bedienen sich des in der Naturwissenschaft verbreiteten „Zeichen"-Prinzips, das als „Semiotik" vordem auch ein Synonym für die medizinische Diagnostik war. Nach dem Schauprinzip werden dabei bestimmte morphologische Eigenschaften (Zeichen) eines Körpers oder seiner Teile als Anzeichen für eine bestimmte Bedeutung gewertet, die als gesichertes Wissen aus der Empirie (einschließlich ihrer statistischen Begleitung) abgeleitet werden. Es liegt in der Natur dieses Wissens, dass für es eine letzte, absolute Gewissheit im Sinne strikter Naturgesetzlichkeit nicht existiert. Diese Aussage gilt – wenn auch weniger rigoros – ebenfalls für Resultate aus weiterführenden Untersuchungen, die sich aus der Bandbreite analytischer Methoden bedienen. Vielmehr handelt es sich um *Hochwahrscheinlichkeitsaussagen* (Gerhard Schurz), die prämissenabhängig sind. Dem Grunde nach geht es um die Anwendung spezifischen spurenkundlichen Wissens (hierzu ausführlich Herrmann und Saternus 2007). Spurenkundliches Wissen bedarf der „Übersetzung" in wissensproduzierende Erzählungen (Kap. 3). Den Ausgang jeder Aussage und das Fundament für ggfls. weitergehende Ausführungen bildet der Individualbefund (Kap. 2.1.)

© Springer Fachmedien Wiesbaden 2015
B. Herrmann, *Prähistorische Anthropologie,* essentials,
DOI 10.1007/978-3-658-09866-7_2

Menschliche Überreste sind individuelle Quellen, die in der Mehrzahl der Fälle seriell vorliegen. Skelettfunde bilden die häufigste Überlieferungsform. Vermutlich stehen ihnen Leichenbrände wegen ihrer besseren Überdauerungschancen in Mitteleuropa numerisch nicht nach, sie treten jedoch im Schrifttum wegen eingeschränkter Aussagemöglichkeiten gegenüber den Skelettfunden zurück und werden auch von archäologischer Seite mit geringerer Aufmerksamkeit und Fürsorge bedacht. Während Skelette und Leichenbrände ganz überwiegend als Bodenfunde aus dem Sediment bzw. der sedimentgefüllten Urne geborgen werden, sind Mumien in Mitteleuropa überwiegend bauwerksassoziierte Funde, abgesehen von Moorleichen. Im Idealfall soll der Anthropologe den Überrest selbst freilegen bzw. bergen, um das Optimum relevanter Informationen zu sichern. Eine Sicherung der Artefakte hat hinter die Sicherung der menschlichen Überreste und den sie betreffenden in-situ-Befunden grundsätzlich zurückzutreten.

Das Prinzip der Freilegung und Bergung menschlicher Überreste wird im Rahmen von Lehrgrabungen erlernt und durch praktische Erfahrung vertieft. Handwerklich erreichen einschlägig geschulte Anthropologen ein Niveau, das sie auch für Einsätze internationaler humanitärer Organisationen bei der forensischen Bergung und Befundung von Massengräbern aus Kriegshandlungen qualifiziert. Zur Vorgehensweisen bei der Bergung von Skelettfunden aus dem Sediment, von Leichenbränden und bei der Sicherung von Mumien wird, wegen der möglichen Vielzahl spezifischer Situationen und ggfls. erforderlicher ad-hoc-Lösungen, auf das Schrifttum verwiesen.

2.1 Der Individualbefund

In jedem Fall ist eine souveräne Kenntnis der Normalanatomie zumindest des Skeletts Voraussetzung für die Bearbeitung menschlicher Überreste. Mit ihrer Hilfe wird vorab geklärt, ob überhaupt menschliche Überreste zur Begutachtung kommen. An Knochenfragmenten kann eine histologische Speziesbestimmung Aufschluss geben.

Aus Gründen der Vereinfachung wird das Prinzip eines Individualbefundes im Folgenden am Beispiel eines Skelettfundes in der Laborsituation vorgestellt.

Für die Bestimmung der Liegezeit aus dem Erscheinungsbild eines Skeletts oder seiner Teile ist kein grobsinnliches Verfahren bekannt, das belastbare Aussagen erlauben würde. Ausschlaggebend ist hierfür die chemische und ggfls. mikrobiologische Eigenschaft des Liegemilieus, die bereits kleinräumig erheblich variieren kann. Als Faustregel kann jedoch gelten, dass Knochen, deren Liegezeit den

Neolithische Bestattung einer Frau. Rechtsseitige Hockerin, Süd-Nord-Ausrichtung, Ausgrabungssituation, 4. Jahrtausend BCE, Wittmar, Ldk. WF

rechtserheblichen Zeitraum überschritten haben, Härteverluste zeigen, ihr Kollagenbestand ist histologisch eingeschränkt oder nicht mehr nachweisbar, am Kompaktaquerschnitt keine UV-Fluoreszenz zeigen und Brushit-Kristalle in Spongiosa und Kompaktahohlräumen zeigen können. Für den Bedarfsfall existieren physikochemische Methoden der Absolutdatierung, z. B. die ^{14}C-Datierungsmethode.

Zunächst erfolgt eine Prüfung auf Vollständigkeit aller Skelettelemente. Nicht-erwachsene Individuen weisen eine höhere Zahl noch nicht knöchern verbundener

Mittelalterliche Bestattung
eines Mannes. Ausge-
streckte Rückenlage,
West-Ost-Ausrichtung,
Ausgrabungssituation, Mit-
telalterlich, Medenheim.
Ldk. NOM

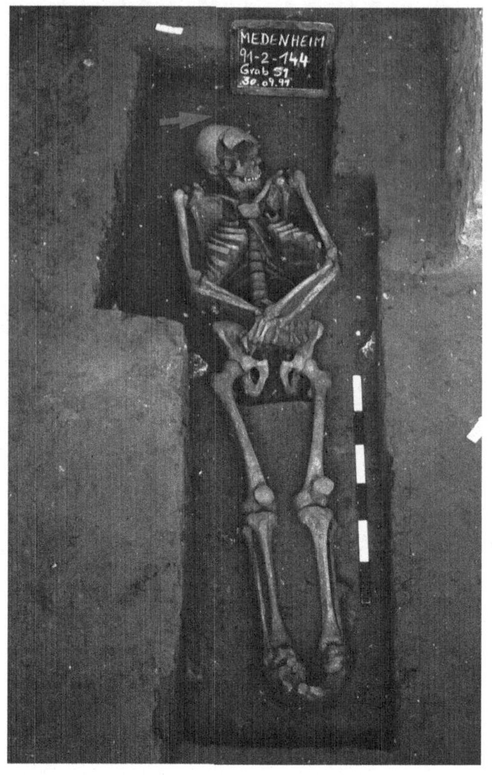

Knochenkerne auf und damit eine höhere Anzahl von Skelettelementen als Erwachsene. Eine Beurteilung der Auffindesituation und des allgemeinen Überlieferungs-
oder Erhaltungszustandes gibt Hinweise, ob fehlende Skelettelemente auf liegezeit-
und liegenmilieubedingte Verluste zurückzuführen sind.

In einer anschließenden Sichtprüfung werden alle Knochen einschließlich der
Zähne auf Spuren von skelettwirksamen Eingriffen zu Lebzeiten des Individuums
bzw. auf Manipulationsspuren nach dem Tode bzw. unter der Liegezeit untersucht.
Zweckmäßig erfolgt diese Sichtprüfung unmittelbar bei Beginn der Bearbeitung
des Fundes, da fortgesetztes Hantieren mit den Skelettteilen filigrane oder nur
sehr geringfügige Spuren verwischen könnte. Auch für diese Beurteilung ist die
Auffindesituation von Bedeutung. Sie kann u. U. für die Begutachtung leitend werden, wenn etwa aus einer abweichenden anatomischen Lage das Vorliegen einer
Leibesstrafe zu vermuten ist und entsprechend auf Werkzeugspuren zu prüfen ist.

Am Beginn des Individualbefundes steht die **Altersschätzung**. Dabei wird ein biologischer Reifegrad auf ein kalendarisches Alter bezogen. Im Grundsatz ist widersprüchlich, dass die ontogenetischen Zustandsbilder, die sich aus individuellen Reifungsabläufen je unterschiedlich ergeben, in ein biologiefreies kalendarisches Raster eingefügt werden. Es genügt in der PA deshalb zumeist, den Reifegrad erwachsener Skelette mit den anthropologischen Kategorien *adult*, *matur* und *senil* anzugeben und ggfls. durch die Epitheta *früh-*, *mittel-* und *spät-* zu ergänzen. Für die jüngeren Altersstufen der Kleinkinder (*infans i*), Kinder (*infans ii*) und Jugendliche (*juvenis*) sind präzisere Altersangaben möglich.

Die einfache Faustregel, nach der Kinder in der Regel kleiner als Erwachsene sind, gilt als erste Annäherung auch für die Skelettbefundung. Zum einfachen Größenmerkmal müssen jedoch weitere Reifestadien eines Skelettelementes herangezogen werden. So sind die Verschmelzungsstadien (*Synostosen*) der Gelenkenden (*Epiphysen*) mit dem Schaft eines Langknochens (*Diaphyse*) oder ggfls. akzessorischer Knochenkerne (*Apophysen*) hinweisgebend. Die Längen der Diaphysen von Skelettelementen sind für Kinder unterschiedlicher Altersstufen nach modernen Röntgenbefunden tabelliert. Ihre Verwendung zur Altersbestimmung für historische Bevölkerungen ist aber wegen individuell unterschiedlicher Entwicklungsstadien und häufig unbekannter allgemeiner Ernährungslage und Lebensumstände problematisch. Sicherer ist eine Altersdiagnose auf der Grundlage der Zahnentwicklung (Abb. 2.1). Die modern ermittelten durchschnittlichen Durchbruchszeiten gelten als konservierte, umweltstabile Merkmale und werden deshalb auch auf historische Bevölkerungen übertragen. Es wird zwar eine Änderung der Durchbruchssequenz im Paläolithikum vermutet, gesichert ist dies keinesfalls. Eine Korrektur der Zahndurchbruchszeiten ist für äquatornahe Bevölkerungen erforderlich.

Auch die Synostosen der Skelettelemente folgen recht regelhaften Verschmelzungszeiten, die seit ihrer Beobachtung durch die akademische Medizin bekannt sind und nach diesen Daten für historische und prähistorische Zeiten ggfls. extrapoliert werden (Tab. 2.1).

Lebensaltersschätzungen für Skelette von Kindern- und Jugendlichen können deshalb recht präzise sein. Alterskriterien für Individuen nach Abschluss der Wachstumsvorgänge sind von geringerem Aussagewert. Altersvariabilitäten sind zwar für zahlreiche Skelettelemente bekannt, grundsätzlich zeigen sämtliche altersvariablen Skelettmerkmale große Streubereiche. Für die Altersschätzungen an Skeletten von Erwachsenen werden daher in sogen. kombinierten Schätzverfahren mehrere Altersindikatoren miteinander verbunden, aus denen ein wahrscheinliches Individualalter ermittelt wird. Den Schätzverfahren liegen *immer* Referenzdaten

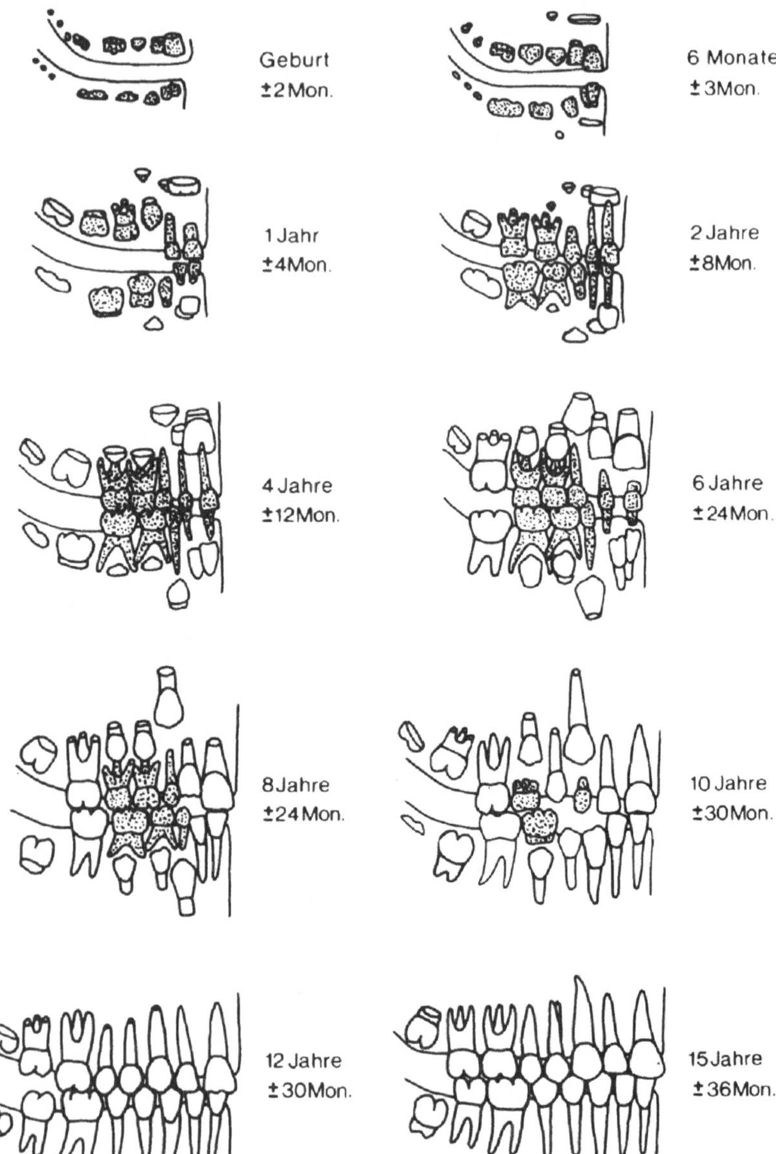

Abb. 2.1 Schematische Darstellung der Zahnentwicklung. (nach Literaturdaten aus Herrmann et al. 1990)

Tab. 2.1 Synostosierungszeiten [a] von Epiphysen der Langknochen der freien Extremitäten und von Apophysen der Scapula und des Darmbeins. (Daten aus Herrmann et al. 1990)

		♂	♀			♂	♀
Humerus	proximal	20-25	18-22	Femur	proximal	18-21	15-19
	distal	14-18	14-17		distal	17-20	15-19
Radius	proximal	14-18	14-17	Apophyse Troch. minor		18-21	15-19
	distal	17-20	16-19	Tibia	proximal	17-20	15-19
Ulna	proximal	14-18	14-17		distal	17-19	15-18
	distal	17-20	16-19	Fibula	proximal	17-20	15-19
					distal	17-19	15-18
Scapula	Acromion	16-22	16-22	Darmbein	Kamm	21-24	21-24
	proc. coracoideus	16-22	16-22	Sitzbeinapophyse		21-24	17-20
margo medialis		20-24	19-21	Synostose Acetabulum		15-18	15-18

von Skelettserien bzw. Proben mit bekanntem Individualalter zugrunde. Referenzserien, ob aus akademischen Sammlungen oder von Friedhöfen, können idealstatistische Forderungen für Stichprobenzusammensetzungen nur bedingt erfüllen. Den Lebensaltersschätzungen kommt deshalb bei Anwendung auf andere als die Referenzserien nur ein Näherungswert zu. Verbreitet sind die kombinierte Methode nach Acsádi & Nemeskeri bzw. ihre Modifikationen. In ihr werden der Verschlussgrad der Schädelnähte, die Reliefierung der Symphysenfläche am Schambein sowie die Auflockerung der spongiösen Binnenstruktur am proximalen Humerus- und Femurende bewertet. Trotz der Kombination verschiedener altersvariabler Indikatoren wird selten eine größere Annäherung an das tatsächliche Sterbealter als etwa ± 5 a erreicht. Da auch die mikroskopische Struktur der Skelettelemente einem Alterswandel unterliegt, sind an den hierfür besonders geeigneten Langknochen Schätzverfahren auf der Grundlage der Verteilungsbilder histologischer Strukturen entwickelt worden. Auch sie weisen erhebliche Schätzfehler auf. Dem wahren kalendarischen Alter am nächsten kommt gegenwärtig eine Schätzmethode, bei der Zuwachsringe im Zahnzement am histologischen Querschnittsbild vorzugsweise einwurzeliger Zähne ausgezählt werden. Hierfür wird ein stichprobenunabhängiger Schätzfehler von kleiner als ± 2 a angegeben.

Das zweite wichtige Datum der Individualdiagnose ist die **Geschlechtsbestimmung**. Sie erfolgt am sichersten am Hüftbein (*os coxae*) und am Schädel. Dies gilt in erster Linie für erwachsene Individuen. Für Skelette von Nicht-Erwachsenen sind morphologische Verfahren zur Geschlechtsbestimmung an den auch bei Erwachsenen geeigneten Skelettelementen bekannt, erfordern aber ein Höchstmaß an Formenkenntnis und Erfahrung.

Das Hüftbein ist infolge der zentralen Bedeutung seiner Gestalt und Dimensionierung für Schwangerschaft und Geburt ein besonders unterscheidungskräftiges Skelettelement. Im weiblichen Geschlecht sind u. a. die geburtskanalbestimmenden Winkel, derjenige zwischen den unteren Schambeinästen und die Winkel zwischen den Sitzbeinen und dem Unterrand des Darmbeins, immer relativ groß. Dem relativ breiteren weiblichen Becken mitteleuropäischer Frauen entspricht ein Index ischio-pubicus $\geq$ 68–91. Männliche Werte streuen unterhalb 71. Der Index gibt das prozentuale Verhältnis der Länge des oberen Schambeinastes (von der Symphyse bis zum Vorderrand des Acetabulums gemessen) zur Sitzbeinhöhe an (gemessen vom Oberrand des Acetabulums zur Mitte des Sitzbeinhöckers). Die Bestimmungssicherheit liegt bei 85 % und besser. Weitere Formmerkmale am Hüftbein und gegebenenfalls Geburtsmarken, die am Sulcus praeauricularis bzw. unmittelbar neben der dorsalen Symphysengrenze auf dem Schambein als grubige Vertiefungen imponieren können, erlauben in der Regel eine zuverlässige Geschlechtsdiagnose.

Demgegenüber sind die geschlechtsanzeigenden Merkmale am Schädel von etwas geringerer Bestimmungssicherheit. Einen vergleichenden Überblick gewährt Abb. 2.2.

Im Prinzip sind die geschlechtsdifferenten Merkmale des Schädels Größen- und Robustizitätsunterschiede. Ihre Beurteilung nach dem Schauprinzip gelingt nicht immer sicher. Eine Objektivierung kann durch die Messung besonders aussagefähiger Strecken am Schädel und ihre diskriminanzanalytische Verknüpfung erreicht werden, die damit den Vorteil eines erfahrungsunabhängigen Urteils haben soll. Die Diskriminanzanalyse ist ein statistisches Trennverfahren zur Bildung von Untergruppen in einer Grundgesamtheit, hier also von Männern und Frauen. Dafür wird an einer Referenzserie z. B. eine Reihe von Schädelmaßen genommen. Diese werden dann in einer Rechenoperation solange variabel kombiniert und mit relativen Faktoren gewichtet, bis diejenige Maß- und Faktorenkombination gefunden ist, mit der das Höchstmaß an Trennungssicherheit zwischen männlichen und weiblichen Schädeln erreicht ist. Ein Beispiel für eine derartige lineare Diskriminanzfunktion zur Geschlechtsbestimmung am Schädel ist folgende Formel:

Größte Hirnschädellänge (1) × 1.236 + Jochbogenbreite (45) × 3.291 − Höhe des Proc. mastoideus (d.i. senkrechte Entfernung vom Porion bis zur Spitze des Proc. mastoideus) × 1.528.

Dabei bedeuten die Angaben in der Klammer die seit Rudolf Martin unter diesen Ziffern für das Skelettelement kanonisierte Messstrecken und das Porion einen

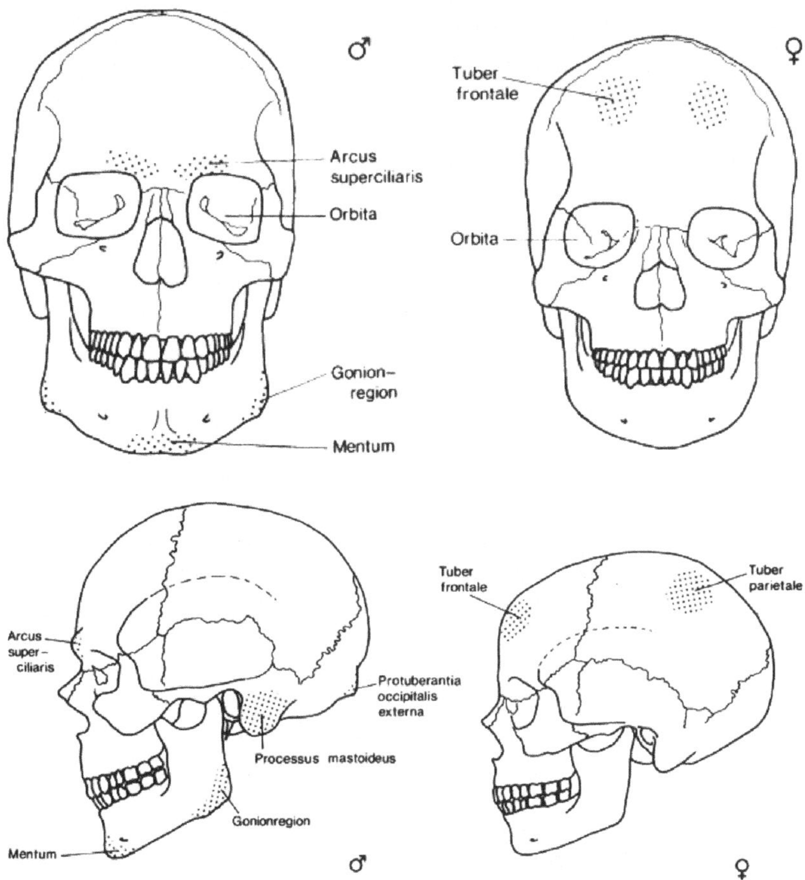

Abb. 2.2 Geschlechtsunterschiede am Schädel. (aus Herrmann et al. 1990)

kanonisierten Messpunkt am äußeren Gehörgang. Die Faktoren und Vorzeichen geben die relative Gewichtung des Maßes in der Formelkombination an. Für die hier
angeführte, sehr simple Formel ergibt sich bei einem konkret vermessenen Schädel
ein Rechenwert, der mit dem formelspezifischen Trennwert verglichen wird. Dieser
beträgt in diesem Fall 536.93. Bleibt der für einen Schädel ermittelte Wert darunter,
verweist dies auf weibliches Geschlecht, dessen Mittelwert mit 515.63 angegeben
wird. Für männliches Geschlecht ist der Mittelwert mit 558.22 angegeben. Die

Fehlklassifikation (d. i. die Fehlbestimmung an der Referenzserie) beträgt in diesem Fall 14.5 % und liegt bei der Übertragung auf eine Fremdserie sicher darüber. Da die Verwendung einer solchen Formel wahrscheinlich zu einem schlechteren Ergebnis führt als das Sichtverfahren eines erfahrenen Gutachters, wäre auf andere Formeln auszuweichen. Diskriminanzformeln zur Geschlechtsbestimmung sind auch für einzelne Schädelstrukturen (z. B. die pars petrosa des Schläfenbeins) bzw. für Elemente des postcranialen Skeletts erarbeitet worden.

Für die meisten Elemente des postcranialen Skeletts sind morphologische Kriterien bekannt, die hinweisgebend für das Geschlecht sind. Sie beruhen auf Größen- und Robustizitäts- bzw. Grazilitätsmerkmalen und Achsenverhältnissen. Eine Geschlechtsbestimmung nach dem Schauprinzip ist zeitökonomischer als die Berechnungsverfahren. Außerdem fällt bei erfahrenen Gutachtern das Urteil mindestens so zutreffend aus wie eines auf der Basis sogenannt erfahrungsunabhängiger Methoden.

Diskriminanzformeln sind auch für zahlreiche prähistorische Gruppen verfügbar. Sie lassen sich deshalb auch für prähistorische Gruppen ermitteln, bei denen eine Geschlechterverteilung unbekannt ist, weil jede Bevölkerung im Normalfall aus Männern und Frauen besteht und damit eine zweigipfelige Merkmalsverteilung aufweisen sollte. Aus nämlichen Grunde kann eine prähistorische Bevölkerung hinreichender Größe gewissermaßen zu ihrer eigenen diskriminanzanalytischen Referenzserie werden. Im Untersuchungsfall wird allerdings häufig die geographisch und zeitlich nächstliegende Gruppe ausgewählt und ihre Diskriminanzformeln auf die zu untersuchende Stichprobe angewandt, wodurch möglichen geographischen und zeitlichen Variabilitäten Rechnung getragen werden kann. Für die Verwendung morphologischer Kriterien im Schauprinzip ist die geographische und zeitliche Variabilität gesondert zu berücksichtigen. So sind beispielsweise Skelette äquatornaher Bevölkerungen graziler als mitteleuropäische und die Schädelmerkmale neolithischer Frauen aus Mitteleuropa liegen oft im Variationsbereich heutiger mitteleuropäischer Männer.

Seit es gelang, aus Skelettelementen oder Zähnen auch sehr langer Liegezeit individuelle nukleare wie mitochondriale DNA (ancient DNA, aDNA) in analysefähigen Mengen zu extrahieren (Herrmann und Hummel 1994; Hummel 2010), ist eine DNA-gestützte Geschlechtsbestimmung zur Routine geworden.

Nächst dem Alter und dem Geschlecht ist das Längenmaß **Körper*höhe*** ein drittes Identifikationsmerkmal. Methoden der Körperhöhenschätzung verwenden Regressionsgleichungen, die Maße von Skelettelementen aus Referenzserien mit entweder den bekannten Lebendmaßen (Kriegsgefallene) oder den Leichenmaßen (anatomische Sammlungen) korrelieren. Die Körperhöhe ergibt sich beispielsweise nach Daten einer Referenzserie aus Südfrankreich, die 1888 publiziert und von Karl

Pearson 1899 statistisch ausgewertet wurden, für eine Rekonstruktion mit einem
Maß des Oberschenkelknochens mit:

$$\text{Körperhöhe Männer [cm]} = \text{Größte Länge Femur} \times 1.880 + 813.06$$

$$\text{Körperhöhe Frauen [cm]} = \text{Größte Länge Femur} \times 1.945 + 728.44$$

Die Bestimmungsgenauigkeit für diese Formeln wurde nachträglich mit etwa $\pm 5.5\,\text{cm}$ annähernd für beide Geschlechter ermittelt. Für prähistorische
Bevölkerungen sind die Formeln dieser Serie, deren Individuen noch nicht von
der säkularen Körperhöhenzunahme im 20. Jh. profitierten, weiterhin sehr geeignet
(Siegmund 2010).

Im Prinzip ist jedes Skelettelement mit der Körperhöhe des Individuums korre-
liert. Naturgemäß ist der Zusammenhang bei Elementen, die direkt zur Körperhöhe
beitragen, ausgeprägter als bei nichtbeitragenden Knochen. Es existieren zahlreiche Formeln, die auf unterschiedlichsten Referenzserien und unterschiedlichsten
Skelettelementen beruhen. Die Fehlerbreiten der Schätzformeln liegen in der
Größenordnung allermeist nahe bei den Streubereichen um die Mittelwerte der
Körperhöhen lebender Bevölkerungen. Den Körperhöhenschätzungen geben damit
eher Größenordnungen als exakte Maßangaben wieder.

Für weiterführende, gruppenbezogene Auswertungen kann es hilfreich sein,
einzelne Skelettelemente nach dem anthropometrischen Kanon zu vermessen.

Neben Angaben zu Alter, Geschlecht und Körperhöhe konzentriert sich der
Individualbefund auf ontogenetische und biographische Merkmale. In der Ontogenese des Skelettsystems können zahlreiche anatomische Varianten auftreten.
Hierunter fallen klassische Fehlbildungen, die auf Störungen des regelrechten
Ablaufs der Ontogenese beruhen und biographische Nachteile für ihre Träger
bis hin zu reduzierter Lebenserwartung bedeuten. Zu denken ist beispielsweise
an cranielle Fehlbildungen oder die kongenitale Hüftgelenksdysplasie. Daneben
kennt man anatomische Varianten, die als „epigenetische" oder „diskret vari-
ierende morphologische Merkmale" katalogisiert sind und ihren Trägern keine
gravierenden oder bekannten Probleme bereiten. Hierunter fallen z. B. Zahnfehl-
stellungen und Bildungsvarianten an einzelnen Zähnen, akzessorische Foramina,
Schaltknochen, Varianten der Wirbelbildung. Ihre Erfassung wird vor allem für die
mögliche Rekonstruktion verwandtschaftlicher Beziehungen zwischen Skelettindividuen betrieben. Andere individuelle Formeigentümlichkeiten oder spezifische
Ausprägungen können als Hinweise auf Habituationen (z. B. Zähneknirschen,
Pfeiferauchen) oder Verhaltens- wie Berufspraktiken deuten (z. B. Reiterfacette,
Bogenschießen).

Weiterhin werden biographisch erworbene oder genetisch bedingte Krankheiten des Skelettsystems oder einzelner Knochen erfasst. Selbstverständlich können

diese nicht gleichbedeutend mit der möglichen Fülle von Erkrankungen zu Lebzeiten des Individuums sein. Denn die übergroße Mehrzahl aller biographisch auftretenden Erkrankungen ist nicht skelettaffin, d. h., sie hinterlässt keine Spuren am Knochen. Zuweilen sind DNA-gestützte Nachweise von Erregern von Infektionskrankheiten aus dem Knochenextrakt möglich. Knochen haben grundsätzlich nur sehr begrenzte Möglichkeiten, auf pathologische Affektionen zu reagieren. Sie können zwar ihre Form, ihre Struktur und ihre Dichte ändern, überwiegend aber nur in unspezifischer Weise. Manche Krankheiten oder anhaltende Stoffwechselstörungen rufen im Knochen als dem mineralischen Speicherorgan spezifische Umbauprozesse hervor, so dass aus dem histologischen Bild auf sie geschlossen werden kann (z. B. Nierenerkrankungen, Rachitis). Bestimmte, radiologisch oder histologisch zu fassenden Strukturen der Langknochen können Hinweise auf saisonale oder sporadische Nahrungsengpässe geben.

Am direktesten bilden Verletzungen durch stumpfe wie halbscharfe und scharfe Gewalt die biographischen Alltagsrisiken am Knochen ab. Ihnen sind in der Regel auch Verletzungen der arrondierten Weichgewebe zugeordnet, die bei stumpfer Gewalt äußerlich gering ausfallen können.

Gegebenenfalls werden noch etwaig vorhandene, skelettwirksame Manipulationsspuren erfasst, die auf kulturelle Eingriffe hinweisen oder sich tierlichen Aktivitäten (z. B. Biss- und Nagespuren) verdanken.

Mit dem Abarbeiten der aufgeführten Punkte, deren Inhalte hier nur kursorisch dargestellt werden können, ist der standardisierte Individualbefund am Skelett abgeschlossen.

Zur Frage der ethnischen Zuordnung eines Skelettindividuums nach Kriterien der drei Hauptgruppen moderner Menschen hält die forensische Literatur zahlreiche Kriterien bereit. Für prähistorische Gruppen stellt sich die Frage in grundsätzlich anderer Weise (vgl. Kap. 3). Die geographische Herkunft eines Individuums kann auch über die Analyse stabiler Isotope von Kochen und Zähnen bzw. eine aDNA-Analyse bestimmt werden.

Am Leichenbrand wird der Individualbefund im Prinzip in gleicher Weise erstellt (ausf. Herrmann et al. 1990), an dem zwar grundsätzlich alle diagnostischen Aussagen wie bei einem Skelettfund möglich wären, praktisch aber nicht realisiert werden können. Infolge des Brandgeschehens sind Leichenbrandknochen häufig verformt und möglicherweise zusätzlich durch spezifische Behandlungen der Brandreste vor der Beisetzung stark fragmentiert; außerdem stellen prähistorische Leichenbrände zumeist keine vollständige Aufsammlung der Brandrückstände dar. Die thermisch bedingten Veränderungen am Knochen beeinträchtigen die diagnostischen Sicherheiten der Aussage. Weil der Knochen unter der Verbrennung einem Sinterprozess unterworfen ist, kommt es zu einer Schrumpfung, die von

Römerzeitlicher Leichenbrand, aus einer Glasamphore. Maßstab: 4 cm Die Fragmente und ihre Größe sind typisch für das allgemeine Erscheinungsbild eines historischen Leichenbrandes. Die Farbschattierungen erklären sich u.a. aus unterschiedlichem Restkohlenstoffgehalt der Brandreste

der Mineraldichte im Knochen abhängt. Die Mineraldichte ist im Skelett strukturabhängig, belastungsabhängig und geschlechtsdifferent verteilt. Letztlich werden alle Größen- und Robustizitätsmerkmale eines Skeletts durch den Brandprozess kleiner bzw. graziler. Dennoch sind, ausreichende Leichenbrandmenge und seine repräsentative Zusammensetzung gegeben, regelhaft Angaben zum Geschlecht und Alter möglich. Die Körperhöhe kann aus Maßen häufiger erhaltener Gelenkenden der langen Knochen mit Spezialformeln geschätzt werden. Besonders schwierig ist die Ansprache von Überresten weiterer Individuen in einem Leichenbrand, sofern keine überzähligen Skeletteile vorliegen. Beimengungen mitverbrannter tierlicher Beigaben sind in der Regel gut zu identifizieren. Im Prinzip ist auch am Leichenbrand eine Isotopenanalyse möglich und sinnvoll.

Die Untersuchung von Mumien ist ein sehr spezielles Arbeitsgebiet innerhalb der PA. Sie kann oder muss zerstörungsfrei erfolgen. Dann werden die Informationen über eine Betrachtung des äußeren Aspektes und eine endoskopische Untersuchung zugänglicher Innenräume gewonnen. In der Hauptsache kommen allerdings avancierte bildgebende Verfahren, wie die Computertomographie, zum Einsatz. Wegen des fehlenden Wassergehaltes in den Geweben sind NMR-Verfahren nicht möglich. Aufwendige Bildverarbeitungsprogramme der Datensätze unter Verwendung von Falschfarben erlauben anschließend eine virtuelle Autopsie, die in der Qualität einer tatsächlichen Leichenöffnung wenig nachstehen muss. Gewonnen werden dabei in erster Linie Zustandsbilder der Langzeitdekompositionen von Weichgeweben Es können ggfls. auch Krankheiten innerer Organe erfasst werden, sofern deren spezifische Ausprägung am mumifizierten Gewebe erkannt werden kann. Selbstverständlich können auch aDNA-Analysen an Mumiengewebe erfolgreich durchgeführt werden.

2.2 Metadaten

Die mit dem Individualbefund gewonnenen Daten können über den Einzelbefund hinaus zu weitergehenden Aussagen verbunden werden.

Der zeit- und ortsübergreifende Vergleich von *Einzel*befunden eignet sich allermeist nur für Analogiebildungen zwischen kulturhistorischen Sachverhalten, direkte Verbindungsmöglichkeiten zwischen biologischen Befunden dürften die Ausnahme darstellen.

Anders liegen die Sachverhalte bei Individuen einer Fundserie, etwa den Skeletten eines aus religiösem Überzeugungssystem begründeten Bestattungsplatzes oder eines aus profanem Überzeugungssystem begründeten Auffindeplatz menschlicher Überreste (z. B. Opfer, Richtstätte, Schlachtfeld). Solche profanen Fundensembles zeigen häufig einseitige biologische Zusammensetzungen. Das gilt allerdings auch für Konventualen- und Konversenfriedhöfe.

Lassen die Fundumstände auf eine Fortpflanzungsgemeinschaft schließen, können Aussagen über die biologische Beschaffenheit dieser Population gewonnen werden. Die *morphologische* Diagnose bestehender verwandtschaftlicher Beziehungen zwischen den Individuen eines Fundkomplexes gründet sich dem Grundsatz nach *ausschließlich* auf Wahrscheinlichkeiten, deren empirische Basis recht unsicher ist. Eine Merkmalsähnlichkeit der polygen bedingten Skelettmerkmale ist zwischen verwandten Individuen wahrscheinlicher als zwischen nichtverwandten. Allerdings gründen diese Annahmen mehr auf plausiblen Überzeugungsargumenten als auf geeigneten Referenzstudien und belastbaren Blindversuchen. Sie stoßen sicher auf Grenzen, wenn diskrete anatomische Merkmale ihre Ursache nicht in einer genetisch bedingten Familienhäufigkeit haben, sondern tatsächlich z. B. auf Ernährungsgleichheit zurückzuführen sind, wie etwa inkompletter Wirbelbogenschluss des Feten bei Folsäuremangel der Mutter. Für die überwiegende Mehrzahl der *normal*-anatomischen Variantenbildungen sind kausale Ursachen nicht bekannt.

Biologische Verwandtschaft zwischen den Individuen sollte daher zweckmäßig durch aDNA-Untersuchungen abgesichert sein (Herrmann et al. 2007). Bis zum begründeten Verdacht eines Gegenteils kann bei siedlungsgebundenen Gräberfeldern unterstellt werden, dass auf ihnen nicht nur eine Kulturgemeinschaft, sondern auch eine Fortpflanzungsgemeinschaft, im biologischen Sinn die Mitglieder einer Population, beigesetzt sind.

Aus Skelettindividuen zusammengefasste Fortpflanzungsgemeinschaften werden häufig metrisch charakterisiert. Hierfür werden standardisierte Maße nach konventioneller Art, zumeist nach den Regeln Rudolf Martins, am Skelettelement genommen. Die Einzelmaße werden gepoolt und statistisch bearbeitet.

Die gewonnenen Mittelwerte und Varianzen können mit den Daten anderer Fortpflanzungsgemeinschaften verglichen und idealtypologisch oder statistisch-populationsbiologisch bewertet werden (vergleichbar den Artkonzepten von Ernst Mayr). Tatsächlich variieren Durchschnittsmaße von Fortpflanzungsgemeinschaften in Zeit und Raum, z. B. bezüglich der Schädelform. Über die Ursachen dieser, wie im Falle der europäischen Schädelverrundung, gelegentlich über Jahrhunderte laufende Prozesse, wird vielfältig spekuliert. Dabei ist u. a. nicht einmal geklärt, ob es sich um gleichsinnige Trends aus kausal gleicher Ursache oder nur um phänokopische Effekte handelt. Bemühungen in der Literatur, formenähnliche Gruppen zu ethnisch-genetischen Linien zu verbinden, sollten mit großer Zurückhaltung zur Kenntnis genommen werden. Sie gründen i. d. R. nicht ausschließlich auf biologischen Daten und Argumenten, sondern führen kulturhistorische Begrifflichkeiten ein, die am Ende durch biologische Aussagen angeblich bestätigt werden, obwohl sie tatsächlich bloße zirkuläre Argumentationsketten darstellen. Selbstverständlich liegt es nahe, verwandtschaftliche Beziehungen zwischen den zeitgleichen Bevölkerungen zweier benachbarter Regionen zu vermuten. Aber diese Vermutung kann weder die für Fortpflanzungsgemeinschaften wichtigen geographischen noch die politischen oder kulturellen Verhältnisse berücksichtigen, so dass ihre Aussagen nicht mit den bereits möglichen Aussagen der aDNA-Forschung über genealogische Beziehungen innerhalb einer Fortpflanzungsgemeinschaft konkurrieren könnten. Aber beide Zugänge haben gegenwärtig noch ihre Mängel: zu den morphologischen Merkmalen fehlt zumeist jede Kenntnis der Genetik, zumal bezogen auf die Variationsbreite auf der Bevölkerungsebene, und die Daten der aDNA sind lediglich genetische *Möglichkeiten*, denn es fehlen Kenntnisse über die Exprimierung von Merkmalen und ihre epigenetisch möglichen Abwandlungen.

Die Erfassung von Erkrankungen an den Überresten historischer Fortpflanzungsgemeinschaften trägt zu einer allgemeinen Geschichte und Geographie der Krankheiten überwiegend in Form einer Anekdotensammlung bei. Ein Überblick über die konkrete Morbidität dieser Gemeinschaft in Gestalt der Prävalenzen und Inzidenzen der real aufgetretenen Krankheiten ist wegen der selektiven Überlieferung einschlägiger Informationen durch das Quellenmaterial i. d. R ausgeschlossen. Dies betrifft vor allem die bevölkerungswirksamsten Infektionskrankheiten, etwa Pest, hämorrhagische Fieber oder Influenza. Positive Nachweise einschlägiger Erreger-DNA aus menschlichen Überresten, mit Ausnahme von H1N1-DNA an Eskimomumien der Pandemie 1918 und anderen Einzelfällen, sind möglich, wurden bisher jedoch eher mit Zurückhaltung aufgenommen. Ein Grund ist das Problem der Beschaffung geeigneter Serovare für Positivkontrollen auf historische Erreger-DNA.

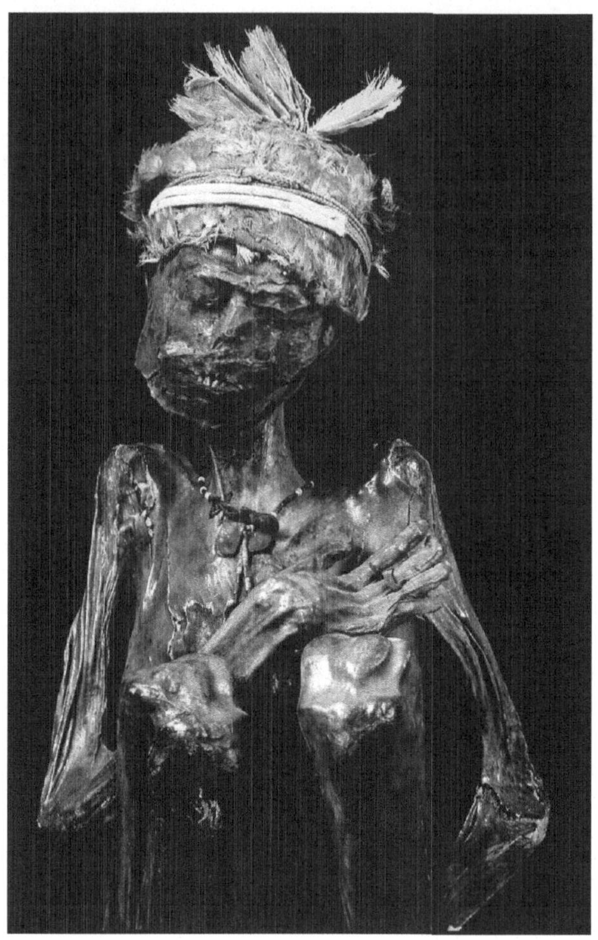

Mumie eines maturen Mannes. Chuquitanta, Peru. Sammlung Baessler. (aus Herrmann und
Meyer 1993)

Eine vergleichende Betrachtung der Traumata zwischen verschiedenen
Bevölkerungen kann aufschlussreich für die jeweilige geschlechts- und al-
tersabhängige Belastung durch Alltag, Arbeitswelt und politische Umstände sein.
Diagnose- und Bearbeitungskataloge von Mumien hängen sehr von ihren stark
variierenden Zustandsbildern ab (Aufderheide 2003). Als Quellengruppe sind die

seriellen Mumien Altägyptens und Süd-Amerikas vor allem kulturhistorisch wertvoll. Welche genealogischen Beziehungen zwischen Individuen der einschlägigen Großnekropolen bestehen, ist infolge von Dekontextualisierungen und Raubgrabungen oft unklar. Immerhin sind mit aDNA-Daten von Skelett- und Mumienresten die Wege der Besiedlung innerhalb Südamerikas und einige Verwandtschaftsverhältnisse innerhalb altägyptischer Dynastien aufgeklärt worden.

Wissensproduzierende Erzählungen

Es wäre eine Illusion, wollte man die Sachaussagen des Individualbefundes für etwas anderes als zunächst rein statistische Werte halten. Ob beispielsweise ein Skelett einem 40jährigen Mann oder einer 40jährigen Frau zugerechnet wird, bleibt solange ein beliebiges Datum, bis man sich die sozialgeschichtlich möglichen Rollen dieser Menschen in der konkreten Umwelt einer konkreten historischen Bevölkerung vergegenwärtigt. Während für den Individualbefund vor allem die handwerklichen lebenswissenschaftlich-forensischen Qualitäten des Bearbeiters gefordert sind, erfordert eine Übertragung von der Ebene des Befundes auf die Ebene der Bedeutung mit Hilfe der Befundinterpretation eine umfassende fachlichen Kompetenz auch *kulturhistorischer* Art. Der Gutachter muss zu seinem Befund *alle* bekannten Tatsachen zusammentragen, „*alle möglichen Folgen aus den rekonstruierten Faktorenkonstellationen erschließen und dann versuchen, ein Szenario zu entwickeln, das die beobachtete Tatsachen dieses besonderen Falles erklären würde. Anders gesagt, er konstruiert eine historische Darstellung (historical narrative)*" (Mayr 1998). Das spezifische Wissen entsteht durch diese Erzählung und ist damit *emergent*.

Es trifft eben nur ausnahmsweise zu, dass sich die Wissenschaft für den historischen Überrest eines verstorbenen Namenlosen *per se* interessiere. Erst der Befund gibt diesem anonymen Menschen ein Minimum an Individualität und macht ihn dadurch zu einem Gegenstand der Beachtung. Diese ist dem Überrest einer namentlich bekannten Person sonderbarerweise von vornherein und in höherem Maße gewiss. Dabei kann deren bevölkerungsbiologische Bedeutung gegenüber der anonymen Person geringer ausgefallen sein. Man begreift die kontextualisierbaren Überreste namentlich bekannter historischer Personen oder Teile ihrer Überreste als Mittel einer konkreten Memoria und im Rahmen der Reliquienverehrung als mögliche Transportmedien für Wünsche. Leider spielt in das mediale Aufsehen um (angebliche) Überreste einer namentlich bekannten historischen Person oder

© Springer Fachmedien Wiesbaden 2015
B. Herrmann, *Prähistorische Anthropologie*, essentials,
DOI 10.1007/978-3-658-09866-7_3

auch unerwarteter oder seltener Funde und Befunde auch gutachterliche Eitelkeit mit hinein, die gelegentlich die Prinzipien guter historischer wissenschaftlicher Arbeit, wie sie seit Tacitus gelten, vergessen lässt (was selbstverständlich mit dem Aura-Gedanken Walter Benjamins verbunden ist).

Der Mensch im Naturzustand der Biologie ist eine Fiktion. Tatsächlich ist die Biologie das Medium wie das Instrument von Menschen, sich selbst zu erfahren, sich zu vermitteln und für andere erfahrbar zu sein. Mit den biologischen Landmarken des Individualbefundes ist keine Aussage über die existentielle Wirklichkeit des sie repräsentierenden Menschen gewonnen. Der Individualbefund wird erst dann zu einer wirklichen (Teil-)Rekonstruktion, wenn er am Ende als Repräsentant der biologischen Vergegenständlichung einer individuellen sozialen und historischen Umwelt und eines Akteurs begriffen wird, der biologisch und handelnd wirkt. Von der Verwirklichung dieser Forderung ist der wissenschaftliche Ansatz wie auch der Forschungsstand – trotz aller Rhetorik – noch ziemlich weit entfernt, sie ist vermutlich nicht einmal Konsens. (Wobei einzuräumen ist, dass sich eine erhebliche Zahl menschlicher Überreste nicht für geistreiche Ableitungen hergibt – aber paradoxerweise hierzu oft aufzufordern scheint.) Das Ausmaß von Empathie, das dem Untersuchungsgegenstand zukommt, wird von der wissenschaftsideologischen Grundhaltung des Untersuchers abhängen. In jedem Falle aber geht eine erklärende *Bedeutung* eines Individualbefundes (als Narrativ) über das naturwissenschaftlich positivistisch Aussagbare hinaus.

Wie kann man sich vergegenwärtigen, dass die genannte Forderung nach spezifischer Rekonstruktion nur über das Akzeptieren komplexer Repräsentationsebenen, die einem Individualbefund zuzuordnen sind, zu erreichen ist? (hierzu Tab. 3.1.)

Der körperliche Überrest (z. B. das Skelett) lässt sich mit biologischen Methoden allein auf seine bio-graphischen Daten hin untersuchen. Diese werden aber auf einer anderen Erkenntnisebene bedeutsam, nämlich für die Rekonstruktion der individuellen Lebens*weise*, bei der es um die sozialgeschichtlichen Eigenschaften des Individuums geht. Diese lassen aber nicht oder nur zum geringen Teil aus der biologischen Quelle ableiten. Die Skelette eines Gräberfeldes erlauben, zusammen mit den demographischen Daten, die Rekonstruktion einer Sozialgemeinschaft und ihrer Lebens*bedingungen* in der je spezifischen Umwelt, soweit dies mit den Methoden der naturwissenschaftlichen Materialanalyse möglich ist. Diese stellt zunächst das einzige verfügbare methodische Inventar für die Hermeneutik der Quellengattung *Skelett* zur Verfügung. Durch Vergleich führen die Befunde mehrerer Gräberfelder zu großräumig wirksamen Bevölkerungsdeterminanten und damit zur Aufdeckung verhaltensökologischer Differenzen. Diese haben beim

Tab. 3.1 Wege der Ergebnis- und Erkenntnisgewinnung zur Überführung der biologischen Quelle (bzw. des biologischen Archivs) in eine biographische Quelle (bzw. ein biographisch-sozialgeschichtliches Archiv)

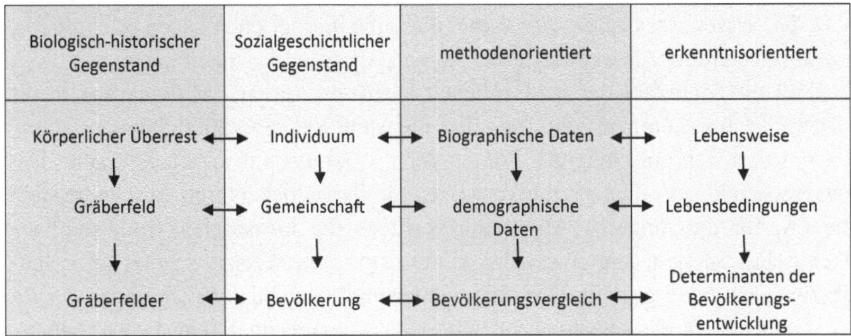

Menschen sozialgeschichtliche Eigenschaften und münden in einer kulturhistorischen Rekonstruktion(smethode), die auf allen Ebenen der Ergänzung durch sozioökonomische, ökologische und kulturhistorische Kenntnisse bedarf. Notwendigerweise ist mit der Komplexitätszunahme vom Individualbefund hin zur Bevölkerungsebene eine abnehmende Aussagepräzision verbunden.

Als überwiegend serielle Quellen haben menschliche Überreste Eigenschaften, die sie zu selbstverständlichen Gegenständen der Mikrohistorie machen (Herrmann 2001). In der PA suchen die meisten Bearbeiter intuitiv das außergewöhnlich Normale („eccezionalmente normale", Edoardo Grendi), indem anatomische wie biographische Merkmalsvarianten eines Überrestes besondere Aufmerksamkeit erfahren. Es wäre aber wünschenswert, das historische Narrativ dahingehend zu erweitern, ob und wie solche Merkmalsvarianten in der Gemeinschaft, in der sie auftraten, sozialgeschichtliche Bedeutung erlangten. Die verbreiteten Reden von „der Biologie" einer bestimmten Bevölkerung, die angeblich in der PA rekonstruiert würde, beruhen auf einer zweifachen Illusion. Die erste betrifft die *Bevölkerungsqualität*, also die Art und Weise und die Summe der zwischen den Individuen aufeinander bezogenen sozialen und biologischen Aktivitäten. Einer Gruppe historischer Überreste wird allermeist bei der Untersuchung die Bevölkerungseigenschaft bereits *unterstellt*, obwohl sie doch erst ein Ergebnis dieser Untersuchung sein müsste. Die zweite Illusion betrifft „die Biologie" selbst. Wer könnte schon und wie die Totalität alles Biologischen, das zu seinen Lebzeiten für ein Individuum wirksam war, allein aus einem Skelett oder einer beliebigen

Anzahl rekonstruieren? „Die Biologie" wird hier mit Anteilen von Sozial- und Umweltgeschichte verwechselt. Die Biologie eines Individuums mag zwar für ihn und seine leibliche Befindlichkeit Bedeutung haben, im Bevölkerungskontext ist es aber die zeitgenössische *Zuschreibung*, die seine biologischen Daten erfahren, die sozialgeschichtliche *Bedeutung* erlangen und Alltagswirksamkeit haben.

Weil die Mehrzahl der menschlichen Überreste, die aus Mitteleuropa in die Gegenwart überkommen sind, aus den jüngsten 2000 bis 3000 Jahren stammt, konzentriert sich einschlägiges Wissen der PA bei uns auf diesen Zeitraum. Das entsprechende kulturhistorische Vorwissen für die zeitlich älteren Abschnitte stellt die PA, für die jüngeren Abschnitte verfügen die historischen Teildisziplinen über Schriftquellen, aus denen das kulturhistorische Wissen ergänzt oder ganz überwiegend bereitgestellt wird. Die wissensproduzierenden Erzählungen der PA werden in der Hauptsache drei großen Bereichen zuzurechnen sein: 1) der Thanato-logischen Zeichentheorie, 2) dem Bereich der unmittelbaren Lebensumstände und 3) der angrenzenden Kulturgeschichte. Diese Dreiteilung ist etwas willkürlich, aber hilfreich. Aufgeführt werden können hier nur exemplarisch einige Topoi der Narrative der PA Mitteleuropas. Selbstverständlich gelten für bestimmte historische Zeiten, für andere geographische Regionen und andere kulturelle Zusammenhänge je eigene Grundsätze für die Formulierung wissensproduzierender Erzählungen.

3.1 Thanatologische Semiotik

Hierunter fallen alle Fragen der Bestattungspraxis und ihres Umfeldes, wie sie sich aus der Auffindesituation erschließen lassen. Die Datierung wird sich aus dem kulturgeschichtlichen Umfeld des Überrestes ergeben, ggfls. durch eine Absolutda-tierung. Wird vom Normalfall, dem einer Bestattung ausgegangen, steht am Beginn die Frage der zeitgenössischen Todesfeststellung. Hierzu ergeben sich aus dem Überrest selbst keine Hinweise. Allerdings existieren Ausgrabungsfunde feiner Na-deln im Fingerbereich. Man vermutet, dass die bis weit in die Neuzeit bekannte Probe zur Todeserklärung bei Folgenlosigkeit des Einstechens einer Nadel unter einen Fingernagel praktiziert wurde. Es konnte schließlich unter den Bedingungen der Vormoderne zu scheinbaren Lebenserscheinungen durch Vorgänge in der Lei-che kommen, bei denen Lebendfärbung vorgetäuscht wurde. Es konnte auch Luft und Fäulnisgas, evtl. auch Fäulnisexsudate, geräuschvoll abgehen und dadurch den Eindruck des Atmens erzeugen. Derartige Phänomene waren die wahrscheinliche Ursache für Geschichten über Vampire, Wiedergänger und im Grabe „schmatzende Tote" (Garmann 1670). Ihnen wurden u. A. Steine auf die Brust gelegt, es gab zeit-genössische Gräberöffnungen mit Pfählungen, auch Abtrennungen des Hauptes. In dieses Umfeld von apotropäischen Handlungen ist auch der weit verbreitete „Zehrpfennig" in der Mundhöhle einzuordnen. Er dient, je nach Lesart, als Bezahlung für Charon oder als Placebo für den beißbegierigen Toten. Aus der weiten Verbreitung von Grusel-, Kriminal- und Vanitasgeschichten ist belegbar, dass es ein sehr altes allgemeines Wissen über späte Leichenerscheinungen und Abläufe der Dekomposition gegeben haben muss. Ob von gesellschaftlicher Ächtung oder mit Misstrauen belegte Menschen nach ihrem Tod überhaupt zu bestatten bzw. nur in besonderer Weise zu bestatten waren, kann meist nur aus der konkreten Auffindesituation erschlossen werden und führt zu den weitergehenden Fragen nach Bestattungspflicht und Bestattungsrecht. Wobei aus dem Bestattungs*recht* überraschend ein überzeitliches implizites Definitionskriterium für „*den*" Menschen abzuleiten ist. Gegenwärtig gilt in der BRD ein Bestattungsrecht für Totgeburten ab 500 g. Totgeburten oder verstorbenen Kleinkindern wurde in früheren Zeiten, in christlichen wie nicht-christlichen Kulturen, eine Bestattung oft verwehrt oder auf Sonderplätzen zugewiesen (z. B. christlich häufig: Traufkinder).

Aus einem Skelett ergibt sich weder Sterbetag noch Zeitpunkt der Beisetzung. Versuche, Gräberachsen als Hinweis auf (Sonnen-) Aufgangsazimute am Sterbe- bzw. Beisetzungstag zu werten und so eine Sterblichkeitsverteilung zu rekonstruieren, haben nur in Einzelfällen Resultate erbracht, die sich mit vorhersagbaren Sterblichkeitsmaxima innerhalb des Jahreslaufes decken. Welche Manipulationen an der Leiche selbst im Rahmen des Totenkultes und der Bestattungspraxis vorgenommen wurden, ist aus den Überresten fast nicht zu erschließen. Manchmal finden sich Schüsseln/Gefäße, die mit einer rituellen Leichenwaschung in Verbindung gebracht werden. Die Lage der Extremitäten wechselt durch die Zeitläufte, und ihre Bedeutung ist nicht immer klar. Sicher ist, dass abgewinkelte Armlagen nicht bei der Anwendung von Leichentüchern o. ä. vorkommen. Auf die Parallelhaltung von Armen und Beinen zur Körperachse auf mittelalterlichen Reihengräberfriedhöfen ergibt sich in der Mehrzahl aus der Bestattung auf dem Totenbrett. Ab dem Hochmittelalter liegen Unterarme auch angewinkelt über dem Bauch oder über der Brust gekreuzt, in jüngerer Zeit auch mit gefalteten Händen. Die Beinhaltung ist weniger variabel und in der Bedeutung oft unklar. Bei gewickelten Leichnamen können gekreuzte Beine sich einfach durch die Wickelung ergeben, sie können aber auch Zeichen einer sozial herausgehobenen Stellung sein. Überhaupt ist das Feld der Zeichen, die als (mögliche) Gesten des Leichnams von den Bestattern arrangiert wurden, absolut unterforscht. Nur das Offensichtlichste ist bekannt: z. B. wird dem Enthaupteten, so er ordentlich bestattet werden darf, der Kopf zwischen die Beine gelegt. Fehlende Hände oder Finger können Hinweis auf die Entnahme als Beweismittel sein (Leibzeichen). Die Zusammengehörigkeit von Skelettteilen o. ä. kann heute mit Hilfe der aDNA-Analytik geklärt werden.

Ihren eigenen Beitrag zum Thema Codierung von Gewalt liefert, im Rahmen der mittelalterlichen und frühneuzeitlichen Schlachtfeldarchäologie, die Bearbeitung auf der Wahlstatt verbliebener oder in nahe gelegenen Massengräbern bestatteter Opfer. Oft genug offenbaren sich in den Verletzungsmustern schlimmste Gewaltexzesse, die den psychischen Ausnahmezustand der Krieger belegen. Noch düstere Bilder liefern Untersuchungen von Überresten der Delinquenten, welche die Richtstättenarchäologie zutage fördert.

Gründe und Orte für von zeitgenössischer Bestattungspraxis abweichende Auffindesituationen von menschlichen Überresten sind extrem vielfältig, sie reichen von der bloßen, interessefreien Verlagerung, über zauberische oder rituelle Handlungen, Unfällen, Suiziden, kannibalistischen Praktiken, die Dissimulation von Gewalttaten bis hin zu den öffentlich vollzogenen Leibesstrafen. Es bedarf eines forensischen Gespürs und ähnlicher Untersuchungspraxis, um die Ursachen im Einzelfall und belastbar freizulegen.

3.2 Unmittelbare Lebensumstände

Dieser Bereich steht im Wesentlichen für zwei Topoi der PA, die letztlich nur unterschiedliche Zugänge zur selben Grundfrage darstellen: 1) die demographischen Grunddaten einer Gruppe von Menschen, 2) ihrem biologischen Lebensstandard. Mit den Lebensumständen sind schließlich Aspekte der arrondierenden Kulturgeschichte als ein drittes Feld benannt.

3.2.1 Demographische Grunddaten

Die demographischen Grunddaten ergeben sich aus der Zusammenfassung der Individualbefunde eines Bestattungsplatzes zu einer Fortpflanzungsgemeinschaft. Die Bevölkerungsentwicklung ist ein sensibler Parameter für zahlreiche biologische und gesellschaftliche Parameter. Die aufschlussreichsten Informationen über die Struktur einer Population stellt die in einer Sterbetafel zusammengefassten Informationen über das Geschlechterverhältnis, den Altersaufbau und die Lebenserwartung dar [zum Prinzip der Sterbetafeln siehe https://www.destatis.de/]. Durch Überlieferungslücken, insbesondere im Bestand der Kinder und Jugendlichen, und Sonderbestattungen können bei Skelettpopulationen („Friedhofspopulationen") Zweifel über ihre repräsentative Zusammensetzung bestehen. Es existieren Verfahren zur Repräsentanzabschätzung und Modellsterbetafeln, mit deren Hilfe im gegebenen Fall Defizite ausgeglichen werden können. Über den Realitätsbezug solcher Ergebnisse bestehen unterschiedliche Auffassungen, weil sie auf allgemeinen, z. T. subtilen soziokulturellen Annahmen beruhen, deren Zutreffen im konkreten historischen Fall nicht beweisbar ist. Die Sterbetafel einer historischen Skelettpopulation, deren Bestattungsplatz etwa 200 oder 300 Jahre abdeckt, kann nur unter der unbiologischen und unrealistischen Annahme erstellt werden, dass die Lebendpopulation während dieses Zeitraumes *stabil* blieb und keine Bevölkerungsschwankungen stattfanden. Bevölkerungsverluste durch Krankheiten oder Krieg können aus so zusammengestellten Bevölkerungsstrukturen nicht erkannt werden. Deshalb liefern auch Berechnungen der Bevölkerungsgröße aus Friedhofspopulationen nur ungefähre Anhaltspunkte.

Friedhofspopulationen sind eigentlich zweidimensionale Abbildungen (Ableitungen) eines vierdimensionalen Bevölkerungskörpers (Verwandtengruppen in Raum und Zeit), was die Unsicherheiten der Rekonstruktion der Lebendpopulation erklärt. Die für Vergleiche wichtigste Information aus einer Sterbetafel ist die Lebenserwartung bei der Geburt (e_0^0) und diejenige zum Individualalter x (e_x^0) bzw. zur Altersspannenkohorte x, sofern die Berechnungen auf den anthropologischen Altersintervallen beruhen.

Vergleiche der Lebenserwartungen auf der Grundlage mitteleuropäischer Skelettserien des Früh- bis Hochmittelalters sprechen beispielsweise für deren Abnahme in der Größenordnung von 10 Jahren für diesen Zeitraum von rund 1000 Jahren. Gründe hierfür werden vor allem in den Bedingungen der agrarischen Produktionsweise gesehen.

In Einzelfällen seit der Renaissance (z. B. Pisa, Pistoia) und zahlreich seit Beginn der Frühen Neuzeit liegen in Europa umfangreiche bevölkerungsbiologische Datensätze in Schriftform vor (Steuerlisten, Kirchenbücher, Bevölkerungszählungen), so dass mit ihnen realistische und detaillierte demographische Statistiken möglich sind (Imhof 1977). Dadurch war es möglich, den „demographischen Übergang" des 17. bis 19. Jahrhunderts zu erkennen. In dieser Zeit wechselte faktisch in Gesamteuropa die Bevölkerungsweise von hoher Reproduktion und Sterblichkeit zu geringer Reproduktion und niedriger Sterblichkeit.

Auf der Grundlage derartiger Schriftquellen wurde u. a. auch differentielles reproduktives Verhalten (vgl. auch Abb. 3.1) und elterliches Investment in Kinder erkannt, sowie sozialgruppenspezifisches Verhalten einschließlich Heiratsstrategien (Voland 2009).

Eine eher anekdotische Bedeutung hat die aDNA-Untersuchung auf Konstanz mütterlicher wie väterlicher Linien. Bei größeren Skelettkollektiven, zu denen keine schriftlichen Überlieferungen vorliegen, gibt die aDNA-Analyse auch Auskunft über Patrilokalität oder Matrilokalität, zu denen es keine andersartige Zugangsmöglichkeit gibt.

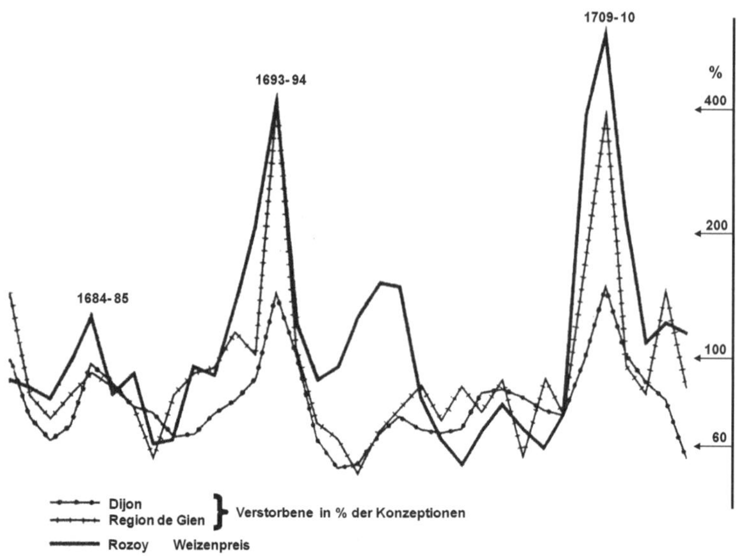

Abb. 3.1 Graphische Darstellung der Bevölkerungsentwicklung großer Notjahre in französischen Regionen: Dargestellt sind gleichsinnige Verläufe von Getreidepreisentwicklung und Verlauf der Sterblichkeit. Die Sterberate ist in Prozenten der Konzeptionen angegeben, die aus den Geburtsterminen zurückgerechnet werden, um die Synchronität von Teuerung, Übersterblichkeit und unterzähligen Empfängnissen veranschaulichen zu können. Der Weizenpreis ist als Median der fünf vorausgegangenen Jahre angegeben. (nach Meuvret (1946) aus Herrmann 2013)

Für die Bevölkerungsgeschichte Europas waren Migrationen bedeutsam. Sie lassen sich heute teilweise durch Analysen rezenter DNA wie auch von aDNA klären. Sie förderten auch zutage, dass es zwischen neolithischer Einwanderung nach Mitteleuropa und Völkerwanderung vor rd. 4500 Jahren eine erhebliche Zuwanderung aus dem Süden des heutigen Russland gab. Durch die Bestimmung bestimmter stabiler Isotope ist eine Rückführung auf recht konkrete Herkunfts- bzw. längere Aufenthaltsräume möglich. Die Frage, welche Bezeichnung die ehemalige Lebendbevölkerung trug, ist eine rein kulturhistorische. Zurückhaltung ist gegenüber typologisch argumentierenden Skelettinterpretationen angebracht, sie mögen noch so sorgfältig begründet sein, am Ende greifen sie zirkulär auf kulturhistorisches Raisonnement zurück.

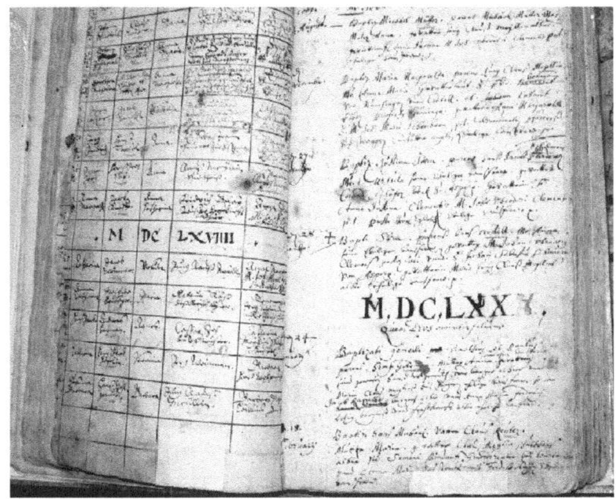

Amtsbuch der evangelischen Kirchengemeinde Ludwigsburg-Eglosheim aus dem Zeitraum 1660 bis 1759. Als sogen. Mischbuch enthält es: Familienbuch, Taufbuch, Kommunikantenregister, Ehebuch, Totenbuch. (Text und Foto: Martin Burkhardt, Hohenheim) Derartige Kirchenbücher und spätere amtl. Aufzeichnungen bilden die Quellen der Historischen Demographie

Von Bedeutung für die Fertilität vormoderner Gesellschaften dürfte die Grundnahrung gewesen sein. Der Getreide-und Breistandard, der bis zur Einführung von Mais und Kartoffel als Hauptnahrungsmittel unumgänglich war, enthielt erhebliche Konzentrationen fertilitätssenkender Verbindungen aus mitvermahlenen Samen von Ackerunkräutern. Mit dem Wechsel zu Mais und Kartoffel und verbesserter Mühlentechnik stieg die Gesamtfertilität Mitteleuropas an.

3.2.2 Der biologische Lebensstandard

Ein sehr komplexes Proxidatum für den biologischen Lebensstandard einer Bevölkerung liefern die aggregierten Körperhöhen. Sie reflektieren neben der Genetik auch Krankheitsbelastungen, Ernährungszustände und etwaige weitere körperhöhenrelevanten Parameter, wie klimatische Einflüsse, allerdings als nicht differenzierbarer Datensatz. Die Wirtschaftsgeschichte hat die Tauglichkeit von Körperhöhenstatistiken als sensible Indikatoren für biologiewirksame Einflussgrößen auf den Lebensstandard vielfältig unter Beweis gestellt (Komlos 2010; siehe Abb. 3.2).

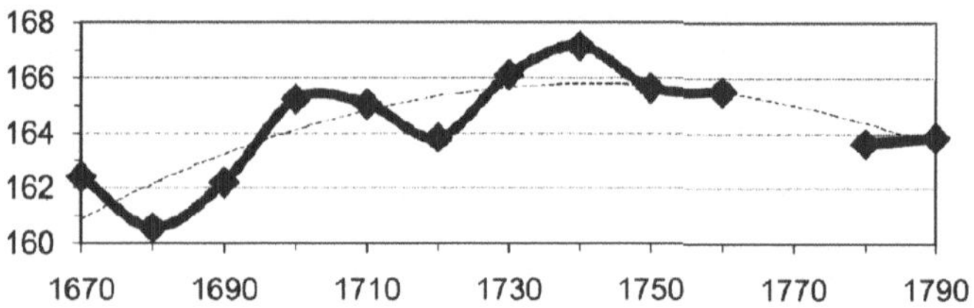

Abb. 3.2 Körperhöhe erwachsener französischer Männer (cm), angeordnet nach Geburtsdekaden. Mit 161,7 cm erreichte die Geburtskohorte um 1680 die geringste durchschnittliche Körperhöhe, die Franzosen je hatten. Ihre Kindheit war geprägt von Hungerkrisen, von Kriegsfolgen und klimatischer Ungunst. Die während der Kindheit erlittenen Wachstumsverzögerungen, die mindestens die ersten 12 Lebensjahre betreffen, könnten auch heute nur begrenzt und nur unter optimalen Bedingungen im Jugendalter kompensiert werden. Derartige optimale Bedingungen waren für das 18. Jahrhundert auszuschließen. (nach Komlos(2010) aus Herrmann 2013)

Ähnlich hoch auflösende Resultate liegen für die vorschriftlichen Epochen nicht vor. Nach den Skelettdaten nahm die Körperhöhe im Durchschnitt in Mitteleuropa vom Neolithikum (♂: 163 cm; ♀: 151 cm) zur Bronzezeit um ca. 2 cm zu, blieb dann annähernd konstant und stieg im frühen Mittelalter auf 168 cm (♂) bzw. 156 cm (♀), anschließend sank sie um etwa 1,5 cm. Ein Zusammenhang zwischen Lebenserwartung, Körperhöhe, Sozialstatus (Grabbeigaben) und klimatischen Daten sei für die Optimumsphase nicht nachweisbar (Körperhöhenwerte nach Siegmund 2010). Gegenüber den wirtschaftshistorischen Daten fehlen für eine vergleichbar aufschlussreiche Auswertung der Skelettdaten offenbar noch weitere verwertbare Kriterien.

Einerseits ist es die Vielzahl möglicher Erkrankungen, andererseits sind es die meist vergleichsweise unspezifischen Reaktionen des Knochens, welche bisher einer im klassischen Verständnis epidemiologischen Auswertung mitteleuropäischer Skelettserien im Wege standen. Zudem hinterlassen die meisten Krankheiten der inneren Organe und Infektionskrankheiten, wie z. B. die ehemals weit verbreitete Malaria, keine oder kaum Spuren am Skelett, während die Skeletterkrankungen für sich genommen im Anteil des allgemeinen Krankheitsgeschehen eine nachrangige Bedeutung haben. Möglich wäre z. B. eine epidemiologische Studie über das Auftreten von Neoplasien seit dem Neolithikum, womit ggfls. ein Zusammenhang zwischen diesen Erkrankungen und den sich ändernden Lebensbedingungen herzustellen wäre.

Über Verletzungen durch Gewalt und Krieg existiert eine aufschlussreiche Studie, in der Skelettserien vom Neolithikum bis an die Neuzeit ausgewertet wurden

(Peter-Röcher 2007). Unabhängig vom Gefährdungsrisiko durch die Arbeitswelt wird deutlich, dass die Anteile an Verletzten seit dem Neolithikum zunahmen, ebenso gab es einen Brutalitätsanstieg: gekämpft wurde zunehmend, um zu töten. Wahrscheinlich seit der Kaiserzeit oder bereits früher, spätestens ab dem frühen Mittelalter, waren zahlreiche Männer offenbar ständig in kriegerische Auseinandersetzungen verwickelt.

Grundfragen der Ernährungsweise und der Hauptnahrungskomponenten, und damit auch über agrarische Wirtschaftsweise und sozialgruppenspezifische Ernährungsmuster, sind heute durch die Analyse stabiler Isotope zu klären, bis hin zu Hungerperioden (Rummel et al. 2007). Hier ist die Forschung jedoch noch von flächenhaft interpretierbaren oder zeitschnitt-vergleichenden Befunden entfernt.

3.3 Die angrenzende Kulturgeschichte

Welchen Einfluss haben Resultate der PA auf Narrative der Kulturgeschichte, zu denen auch die Ethnologie zu zählen ist? Völlig unangemessen zur Bedeutung und problematischen Tiefe dieser Frage sei nur an einzelne Gesichtspunkte erinnert, an den zeitlichen Wandel etwa von Normen und anthropologischen Grundproblemen wie Not und Hilfe, und auch an die von Edmund Burke angesprochenen Gefühlsprobleme der Betrachter.

Die Fülle weltweiter kultureller Diversität ist auch im Totenkult und seinen Ablegern sichtbar, etwa im Zusammenhang mit kulturell unterschiedlichen Behandlungen des vom Leichnam getrennten Kopfes bzw. Schädels. Die Vielfalt aufwendiger Manipulationen an Köpfen bzw. Schädeln von (aus welchen Gründen auch immer) Verstorbenen sei durch wenige Beispiele repräsentiert: ein Schrumpfkopf, ein übermodellierter Schädel – ob aus Jericho oder der Südsee, ein Mundurucu-Kopf, ein steinzeitliches Schädelnest, ein genagelter Schädel von der Richtstätte, eine Schädelschale eines Apostels. (Die museale Praxis der Plastischen Rekonstruktion von Gesichtern auf Schädeln bestimmter Personen gehört auch in diese Reihe). Alle sind Objekte der PA und ihrer auf das Materielle zielenden Untersuchungskataloge. Der *Bedeutung* dieser Überreste wird diese Untersuchung nicht gerecht. Aber sie kann zu ihrer Bedeutung beitragen und das kulturgeschichtliche Wissen um jene Aspekte bereichern, die aus anderen Erörterungen nicht beizubringen sind. Besonders deutlich wird dies bei den Ergebnissen umfänglicher Manipulationen am Leichnam, die einem Weichteilerhalt als „Mumie" vorausgehen. Die Aufklärung der historischen Balsamierungs- und

Mit Tonmasse übermodellierter Schädel eines Mannes mit menschlichem Haupthaar (Ah-
nenschädel), Sepik-Region, Neuguinea, gesammelt zur deutschen Kolonialzeit. Die Bema-
lung stellt vermutlich diejenige individuelle dar, die der Verstorbene zu Lebzeiten anleg-
te. Die plastische Gesichtsausformung folgt den anatomischen Gegebenheiten erstaunlich
präzise (Röntgenbefund) und ist nahe am Ergebnis einer plastischen Gesichtsrekonstruktion.
Ethnologisches Museum Berlin SMPK

Konservierungstechniken und der dabei geübten Vorgehensweise ist weitgehend
Forschungsertrag der PA.

Wann immer die Memoria (exemplarisch: Schillers Schädel, Schöne 2002),
die Rechtsgeschichte (z. B. Leibesstrafen) oder die bildlichen Darstellungen der
Malerei eine kompetente Aussage zum Körperlichen benötigen, ist die PA gefragt.

Zu den Orten, den Fundplätzen von historischen Überresten, den Bedingungen
wie den Umständen ihrer Ablage oder Überlieferung wie schließlich den Befunden

bei einer Ausgrabung oder Auffindung liegen allermeist grundsätzliche Kenntnisse der Kulturgeschichte vor. Sie sind selbstverständlich bei der Bearbeitung eines menschlichen Überrestes zu Rate zu ziehen. Umgekehrt bereichern und sichern die am Überrest erarbeiteten Kenntnisse und Wissenszuwächse auch die thematisch betroffenen Bereiche der Kulturgeschichte.

Anschlussfähigkeit   4

Die wissenschaftlichen Methoden, die in der PA eingesetzt werden, sind für sich genommen nicht spezifisch für das Wissensgebiet und begründen kein Alleinstellungsmerkmal.

Die klassischen makroskopischen Diagnoseverfahren der PA hatten in den letzten Jahrzehnten kaum einen Wissenszuwachs zu verzeichnen. Sie haben jedoch sehr profitiert von den Entwicklungsschüben der Datenverarbeitung innerhalb bildgebender Verfahren, die für medizinische und materialanalytische Zwecke entwickelt wurden. Fortschritte auf dem Gebiet der histologischen Diagnostik waren bemerkenswert und verdankten sich weitgehend eigenen Initiativen, da die Histologie des Skelettsystems in der Medizin heute ein randständiges Gebiet ist. Der größte Innovationsschub war jedoch eine Folge des Fortschritts in der Laboranalytik (vgl. Tab. 4.1.). Dabei kommt der aDNA-Analytik, deren Qualitätsentwicklung an menschlichen Überresten in erheblichem Umfang in der PA selbst erfolgte, und der Analyse stabiler Isotope, deren Grundlagen aus den geowissenschaftlichen Disziplinen übernommen werden konnten, größte Bedeutung zu. Die Perspektiven sind enorm und noch längst nicht absehbar, weil die Tabelle fortzuschreiben ist.

Die Adaptation dieser Methoden machen deutlich, dass es das Quellenmaterial und die an es geknüpften Fragestellungen sind, welche einen *eigenständigen Wissenszusammenhang* für die PA begründen. Gleichzeitig erschweren die transdisziplinären Fragestellungen einerseits und eine gewisse Zurückhaltung bei der Bildung spezifischer Theorien andererseits – beides spielt in der wissenssoziologischen Disziplinenbetrachtung eine Rolle – eine eigenständige disziplinäre Organisierbarkeit der PA bzw. schließen sie evtl. sogar aus.

An der Wissensvermehrung in der PA partizipieren die Forensik und allgemein die historischen und kulturhistorische Disziplinen.

Wenn man auf die Bedeutung menschlicher Überreste als Quelle sozioökologischer Informationen abhebt, dann ist die PA *eine Voraussetzung und*

© Springer Fachmedien Wiesbaden 2015   43
B. Herrmann, *Prähistorische Anthropologie,* essentials,
DOI 10.1007/978-3-658-09866-7_4

Tab. 4.1 Möglichkeiten biomolekularer Untersuchungen an menschlichen Überresten und gegenwärtig erreichbare Aussageebenen

	Element/ Molekül/ Verbindung	Proximates Erkenntnisinteresse	Ultimates Erkenntnisinteresse
Bekannte Analysebereiche und Erkenntnisziele	• Spurenelemente • Stabile Isotope • Fettsäuren	• Nahrungsnetz • natürlicher Hintergrund	• Subsistenzstrategie • soziale Stratifikation • Migration • Produktion • Umweltrekonstruktion
	• aDNA	• Identifikation	• Verwandtschaft • Genealogie (i.S. von Ursprung, Handelswegen, Artbestimmung)
	• ^{14}C (organische/anorganische Matrix)	• Datierung	
Analysebereiche im Experimentalstadium bzw. derzeit plausible Analysemöglichkeiten	• Alkaloide	• Drogenkonsum	• Pharmakologische Belastung der Nahrung • Riten / Gebräuche • Soziale Stratifikation
	• Steroide	• ? hormoneller Status	?
	• Chinone	?	?

Grundlage der Verlängerung der Humanökologie (z. B. Schutkowski 2006) in die historische Dimension der **Umweltgeschichte** hinein: „*Umweltgeschichte befasst sich mit der Rekonstruktion von Umweltbedingungen in der Vergangenheit sowie mit der Rekonstruktion der Wahrnehmung und Interpretation der jeweiligen Umweltbedingungen durch die damals lebenden Menschen. Sie bewertet den zeitgenössischen Zustand der Umwelt und die zeitgenössischen umweltwirksamen Normen, Handlungen und Handlungsfolgen nach wissenschaftlichen Kriterien. Umweltgeschichte befasst sich also mit sozionaturalen Kollektiven in historischen Kontexten und systematisiert die Abläufe in diesen Kollektiven nach soziokulturellen und naturalen Kriterien*" (Herrmann 2013).

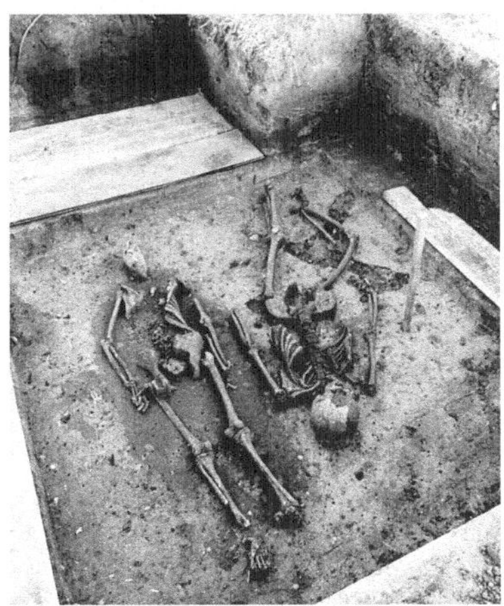 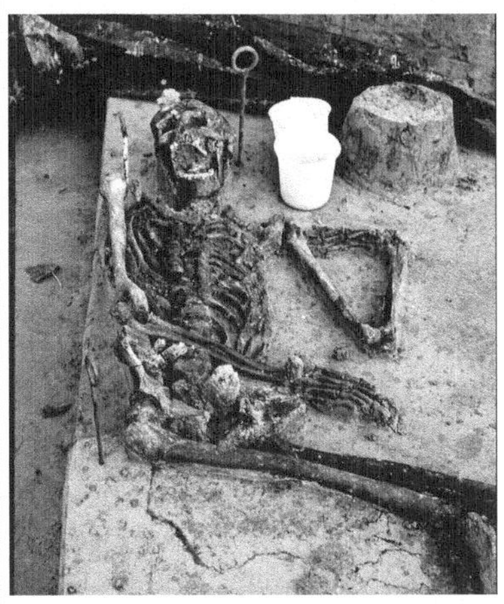

Links

Zwei auffällige Bestattungen im Randbereich des mittelalterlichen Reihengräberfeldes Remlingen, Ldk. WF. Grabungssituation

Regelrecht wären Individuen in Rückenlage, mit dem Kopf im Westen (W-O-Lage), damit die Blickrichtung nach Osten (Jerusalem) gehen kann. Das linke Individuum liegt bäuchlings in der Grabgrube in O-W-Richtung. Die Position bedeutet einen Ausschluss des Individuums von der konventionellen Bestattungspraxis zu seinem spirituellen Nachteil. – Rechtes Individuum in abweichender O-W-Rückenlage. Auffallend sind die Lage der wie leicht ausgebreiteten Arme und die Lage des angezogenen rechten Beines. Sofern die bestattete Frau hochschwanger war oder im Kindbett verstarb (Fetalknochen nicht erhalten/vorhanden), ist diese abweichende Bestattung ein möglicher Hinweis auf eine von der Gemeinschaft moralisch missbilligte Ursache der Schwangerschaft wahrscheinlich oder ein anderes, schwerwiegendes Fehlverhalten. Nicht auszuschließen ist auch, dass der Überrest einer hochadipösen Frau vorliegt, was für sich genommen die abweichende Bestattungspraxis nicht erklärt.

Rechts

Bestattung eines Mannes im kaiserzeitlichen (4.-5. Jh. CE) Gräberfeld Otterndorf, Ldk.CUX. Grabungssituation

Die linke Hand ist in absoluter Streckhaltung einschließlich der Handwurzel im rechten Winkel vom Unterarm auf das linke Schultergelenk zurückgeführt, eine zu Lebzeiten physiologisch unmögliche Haltung. Eine postmortale Verschiebung des linken Armes ist auszuschließen
Für wen wurde dieses Zeichen angelegt und was bedeutet es?

Literatur

Arendt H (1960) Vita Activa oder vom tätigen Leben. Kohlhammer, Stuttgart

Aufderheide A (2003) The scientific study of mummies. Cambridge University Press, Cambridge

Benjamin W (2006) Das Kunstwerk im Zeitalter seiner technischen Reproduzierbarkeit. Suhrkamp, Frankfurt a. M.

Burke E (1989) Vom Erhabenen und Schönen. Meiner, Hamburg

Cassirer E (1996) Versuch über den Menschen. Einführung in eine Philosophie der Kultur. Meiner, Hamburg

Garmann CF (1670) De Miraculis Mortuorum. Über die Wunder[dinge] der Toten. In: Benetello S, Herrmann B (Hrsg) Facsimile der Ausgabe 1670 mit Übersetzung und Nachwort der Herausgeber. Universitätsdrucke Göttingen, Göttingen (2003)

Grupe G, Christiansen K, Schröder I, Wittwer-Backofen U (2012) Anthropologie. Einführendes Lehrbuch. Springer, Heidelberg

Herrmann B (2001) Zwischen Molekularbiologie und Mikrohistorie. Vom Ort der Historischen Anthropologie. Jahrbuch der Deutschen Akademie der Naturforscher Leopoldina 46:391–408

Herrmann B (2013) Umweltgeschichte. Eine Einführung in Grundbegriffe. Springer, Berlin

Herrmann B, Hummel S (Hrsg) (1994) Ancient DNA: recovery and analysis of genetic material from paleontological, archaeological, museum, medical, and forensic specimens. Springer, New York

Herrmann B, Meyer R-D (1993) Südamerikanische Mumien aus vorspanischer Zeit. Eine radiologische Untersuchung. Staatliche Museen zu Berlin, Stiftung Preußischer Kulturbesitz

Herrmann B, Saternus K-St (Hrsg) (2007) Kriminalbiologie. Springer, Berlin

Herrmann B, Grupe G, Hummel S, Piepenbrink H, Schutkowski H (1990) Prähistorische Anthropologie. Leitfaden der Feld- und Labormethoden. Springer, Berlin

Herrmann B, Schilz F, Fehren-Schmitz L, Renneberg R, Pollmann J, Hummel S (2007) Der Knochen als molekulares Archiv. Nova Acta Leopoldina NF 94(348):21–27

Hummel S (2010) Ancient DNA typing: methods, strategies and applications. Springer, Berlin

Imhof A (1977) Einführung in die Historische Demographie. Beck, München

Martin R (1988) In: Knußmann R (Hrsg) Anthropologie. Handbuch der vergleichenden Biologie des Menschen, 4. Aufl./1. Teil. Fischer, Stuttgart

© Springer Fachmedien Wiesbaden 2015
B. Herrmann, *Prähistorische Anthropologie,* essentials,
DOI 10.1007/978-3-658-09866-7

Mayr E (1998) Das ist Biologie. Die Wissenschaft des Lebens. Spektrum Akademischer Verlag, Heidelberg

Peter-Röcher H (2007) Gewalt und Krieg im Prähistorischen Europa. Habelt, Bonn (Universitätsforschungen zur Prähistorischen Archäologie, Bd 143)

Rummel S, Hölzl S, Horn P (2007) Isotopensignaturen von Bio- und Geo-elementen in der Forensik. In: Herrmann B, Saternus K-St (Hrsg) Kriminalbiologie. Springer, Berlin, S 381–407

Schöne A (2002) Schillers Schädel. Beck, München

Schutkowski H (2006) Human ecology. Biocultural adaptations in human communities. (Ecological studies vol 182). Springer, Berlin

Siegmund F (2010) Die Körpergröße der Menschen in der Ur- und Frühgeschichte Mitteleuropas und ein Vergleich ihrer anthropologischen Schätzmethoden. Books on Demand, Norderstedt

Sprandel R (1976) Historische Anthropologie. Zugänge zum Forschungsstand. Saeculum 27:121–142

Stoecker H, Schnalke T, Winkelmann A (Hrsg) (2013) Sammeln, Erforschen, Zurückgeben? Menschliche Gebeine aus der Kolonialzeit in akademischen und musealen Sammlungen. Links, Berlin

Tanner J (2004) Historische Anthropologie zur Einführung. Junius, Hamburg

Voland E (2009) Soziobiologie. Die Evolution von Kooperation und Konkurrenz. Spektrum Akademischer Verlag, Heidelberg

Winterling A (Hrsg) (2006) Historische Anthropologie. Steiner, Stuttgart

Weigelt J (1927) Rezente Wirbeltierleichen und ihre paläobiologische Bedeutung. (Hier zitiert nach der 3., ergänzten Auflage 1999). Berger, Bad Vilbel

Weigl A (2012) Bevölkerungsgeschichte Europas. Böhlau UTB, Wien